UN CONSERVATEUR.

PARIS, IMPRIMÉ PAR PLON FRÈRES,

RUE DE VAUGIRARD, 36.

UN
CONSERVATEUR

PAR

M. GUSTAVE CHAUDEY.

> Parlons vrai : il y a beaucoup à chercher, beaucoup à découvrir sur le compte des idées aujourd'hui les plus accréditées, les plus puissantes. Les idées démocratiques, entre autres, commencent à peine à être entrevues et comprises. Pour leur sûreté comme pour leur honneur, pour affermir et pour ennoblir leur empire, elles ont besoin de passer encore par bien des examens, bien des épreuves. A coup sûr les générations qui s'avancent ne les leur épargneront pas. Qu'elles s'apprêtent donc et se mettent en état de les subir !
>
> M. GUIZOT, *Revue française* de 1837.

PARIS

A. FRANCK, LIBRAIRE-ÉDITEUR,
RUE RICHELIEU, 69 ;
LEIPZIG, MÊME MAISON.

1846

UN CONSERVATEUR.

I.

Tout dernièrement, cher lecteur, par une de ces ravissantes soirées où l'esprit est si éveillé, si dispos, si ouvert à toutes les impressions, j'étais à me reposer, dans un café renommé du boulevard, d'une de ces longues et solitaires promenades toutes remplies de souvenirs, de soucis, d'examens de conscience, de méditations et de grands projets. Sans tenir de la célébrité, je le reconnais, le droit de risquer à tout propos ces sortes de révélations familières, je t'avouerai pourtant sans plus de façons que parfois je trouve un singulier plaisir, dans ces commodes salons du public que sont les cafés, à pouvoir, sous prétexte de prendre n'importe quoi, parcourir d'un même coup d'œil tant de journaux divers, et surtout à écouter un peu de gauche et de droite, politique faisant, ce que viennent à dire de sottises ou de choses sensées tous ces voisins que le hasard amène et renouvelle si fréquemment. Je ne sais, lecteur, si tu seras de mon avis; mais il me paraît que, dans cette capricieuse succession de tant de gens, de situations et d'opinions diverses, disant leur petit mot sur la chose du jour, en toute familiarité et en toute franchise, il y a souvent une représentation plus exacte qu'en bien des réunions officielles de cette capricieuse abstraction qu'on appelle si pompeusement de nos jours l'*opinion publique*. Après le rentier vient le négociant, après le négociant l'avocat, après l'avocat l'administrateur, l'artiste, l'homme de lettres, et qui sait? le journaliste peut-être; oui, le journaliste en personne, généralement si causeur, si moqueur, si hâbleur, si important, si indiscret, mais si curieux et si réjouissant pour celui qui n'est pas sa dupe, et auquel s'offre ainsi l'occasion de le toiser à l'aise dans son adorable effronterie, dans ses robustes vanités et dans son incessante manie de révéler des

secrets d'État. De la sorte, en une heure, vous pouvez avoir toute la société en raccourci. Aussi, selon
moi, pour qui sait écouter et comprendre, y a-t-il
quelquefois en lieu semblable, outre le plaisir de
prendre de bon café et de butiner l'esprit quotidien,
de très-profitables observations à faire et d'excellents
enseignements à recueillir. Que si tu ne crois guère
à cet objet sérieux dont j'aimerais à te faire une
excuse pour ma curiosité, admets du moins que le
hasard a pu la bien servir une fois, et ne refuse pas
ton attention à l'étrange entretien qu'elle m'a valu
récemment d'entendre, et que je vais essayer de te
reproduire fidèlement.

Un soir donc, de la dernière quinzaine, que j'étais
dans un café du boulevard à savourer, avec une tasse
de thé, une pétillante réponse du *Journal des Débats*
à je ne sais plus quelle niaiserie vertueuse d'un journal de l'opposition, et que je me sentais bien près de
donner raison à une corruption si spirituelle contre
un si épais patriotisme, j'eus le bonheur d'être dis-
trait de cette mauvaise tentation par l'installation
à la table voisine de deux arrivants, dont l'aspect
seul promit un aliment confortable à cette curiosité
que je viens de confesser. C'était un homme d'une

1.

cinquantaine d'années, d'un extérieur agréable et
digne, d'une physionomie douce et spirituelle, mais
dont la mise, du reste assez distinguée, avait quelque
chose de provincial, avec un charmant jeune homme
de vingt-cinq ou vingt-six ans, aux allures pari-
siennes, à la tenue coquettement simple, et dont la
belle et sérieuse figure respirait au plus haut degré
cet air intelligent et honnête qui soulève à l'instant
toutes les sympathies. Aux premières paroles que
s'adressèrent ces inconnus d'âges si différents, je fus
frappé du ton singulier d'égalité qui régnait entre
eux, et dont il me sembla que l'intention venait du
plus âgé lui-même. Cet homme, au front chauve, parlant à ce beau jeune homme, qui le nommait son
oncle, un langage plein de déférence dans son ami-
cale familiarité, cela produisit sur moi je ne sais
quelle impression de plaisir, qui recevrait sans doute
son explication d'une secrète vanité que je trouvais à
y sentir, moi, jeune aussi, un hommage de la gravité
de l'âge à la distinction de l'esprit. Au bout de quelques
minutes seulement, ce jeune homme avait pris à mon
imagination un indicible prestige, et j'en étais à désirer de toute mon âme, entre son oncle et lui, une
conversation dont le résultat, selon mon attente, ne

pouvait manquer d'être la confirmation de tout ce que j'avais présumé déjà de son caractère et de son intelligence.

Mais ces messieurs, après les propos sans suite qu'ils avaient échangés en prenant des glaces, s'étaient mis à parcourir les journaux de cet air qui annonce l'envie de ne point engager d'entretien, et déjà leur silence de plus d'un quart d'heure me donnait à croire que j'en serais pour mes frais de curiosité, lorsque le jeune homme, se retournant vers un des garçons du café, lui dit avec quelque impatience :

— Eh bien! donnez-moi donc le journal *la Presse:* voilà deux ou trois fois que je vous le demande!

— Monsieur, répondit le garçon, il est retenu pour vous!

— C'est bien, reprit l'autre, j'attendrai.

— Comment! fit le vieux monsieur, tu attendras? Comptes-tu me faire rester encore long-temps pour le seul plaisir de te voir lire ce journal de charlatans? Et notre soirée!... Si nous voulons y aller, nous n'avons guère de temps à perdre.

— Mais, mon oncle, je tiendrais assez à lire ce journal de charlatans, comme vous l'appelez, et je ne vois pas que nous soyons si pressés d'aller à cette ennuyeuse soirée... ·

— Monsieur, voici *la Presse*, dit le garçon en revenant.

— Allons! fit l'oncle, jette vite un coup d'œil là-dessus, et que nous partions!

— Doucement, mon oncle, doucement! vous en voulez donc bien à ce pauvre journal, que vous en parlez avec tant d'humeur? De fait, je vois encore là un petit article qui ne doit guère ménager certaine feuille de votre bord, et je conçois que, sans les connaître et par instinct, vous n'aimiez guère des gens qui cherchent chaque jour des sottises où vous trouvez chaque jour tant d'esprit.

— Mais toi, répliqua le vieux monsieur, je te trouve bien échauffé à l'endroit de cette *Presse*. Est-ce que tu donnerais dans ses divagations? Je croyais, tout sérieux que tu es, que tu ne te mêlais guère de politique. Du reste, voilà cinq ou six ans que je t'ai à peine vu; en voilà même trois que je ne t'ai pas vu du tout, et, pendant ce temps-là, tu as pu devenir homme. Mais, sérieusement, est-ce que tu fais maintenant de la politique?

— Eh! eh! cela pourrait bien être...

— Mais alors, avec ton cœur et ton intelligence, tu ne peux pas manquer d'être des nôtres, je veux dire du parti patriote et libéral?

— Eh! eh! cela pourrait bien ne pas être...

— Comment! cela pourrait bien ne pas être? Ah! je comprends, des chimères républicaines, de la jeunesse!

— Eh! cela pourrait bien ne pas être encore.... Mais, mon oncle, vous m'empêchez de lire mon journal, et, si vous êtes si pressé, ce n'est pas le moyen que votre impatience soit satisfaite.

— Pressé! pressé! on a toujours un moment de répit, et, puisqu'il s'agit de ton opinion, je t'avoue que cela me pique un peu. Moi qui croyais que tu laissais complétement la politique de côté! Tu dis donc que tu n'es pas républicain, tu n'es pas non plus de notre opposition; mais qu'es-tu donc? Serais-tu conservateur, grand Dieu!

— Grand Dieu! mon oncle, comme vous dites cela! Eh bien! quand cela serait, qu'est-ce qu'il y aurait là de si affreux?

— Comment! tu serais conservateur, toi, à ton âge, avec ton ardeur, avec ton jeune cœur? Laisse donc! Ce n'est pas possible.

— Cependant, mon oncle, si c'était possible, dit
le jeune homme d'un ton un peu goguenard, si j'étais
conservateur, si je vous le déclarais positivement?

— Laisse donc ! c'est une plaisanterie....

— Mais encore, si ce n'était pas une plaisanterie?.... Eh bien ! oui, je suis conservateur, oui,
mon oncle, et je me crois pour cela d'assez bonnes et
nombreuses raisons; et, si vous en vouliez tout de
suite quelques-unes qui, sans nous sortir des bana-
lités, sont en réalité de celles dont je suis le plus
touché, je vous dirais que je ne trouve vraiment dans
votre opposition ni un sentiment assez profond de la
liberté, ni une notion assez haute du pouvoir, ni un
attachement assez solide pour l'ordre, ni assez d'estime pour l'expérience, ni assez de foi dans le temps
et dans les idées ; en un mot, que je ne sens pas en
elle une intelligence suffisante de ce qui fait la vie
des principes, la durée des choses, et les conditions
d'un grand gouvernement. —

Sur cette sortie quelque peu vigoureuse, le vieux
monsieur prit une figure assez étonnée et assez em-
barrassée, et qui paraissait faire effort pour ne devenir rien de plus. Il ne répondit qu'au bout d'un
instant, et en homme piqué au jeu :

— A cela, mon cher neveu, je t'avouerai que tu m'étonnes un peu. Je crois pardieu que tu m'adresses une leçon, et que toi, le tout jeune homme, tu soutiendrais contre moi, le vieux magistrat, les idées stationnaires et les nécessités de gouvernement! C'est plaisant, tu en conviendras, d'entendre sortir d'une bouche, autour de laquelle on ne voit encore que du poil follet, ces invocations à l'expérience, ces considérations de pratique, ces désirs de stabilité, qui feraient honneur au plus ministériel des journaux un jour de discussion sur les fonds secrets. C'est que cela me donne vraiment l'air, à moi, d'un étourdi dont on aurait besoin de crever un peu les chimères! Peste! comme tu y vas! Je ne sache pas que tu sois devenu surnuméraire de quelqu'une de nos administrations; mais en vérité tu me ferais croire qu'il n'y a pas, au plus épais de la phalange sacrée, un conservateur aussi forcené que toi.

— C'est vrai, mon oncle, répondit le jeune homme avec un sourire qui me fit un singulier effet; c'est vrai, je suis un conservateur forcené. Mais que voulez-vous? Toute époque contient le oui et le non, c'est-à-dire des idées contraires qui se partagent les hommes sans parvenir à s'exclure : c'est l'éternel équilibre ; et quand les principes révolutionnaires s'attardent chez les vieux, il faut bien que les principes d'ordre ou de fondation se réfugient chez les jeunes. Je vous demande pardon, mon oncle, de cette explication.

— Tu as tort, mon garçon, car elle me plaît; et, puisque tu le prends si sérieusement, je ne serais pas fâché d'avoir le mot de ta politique. Voyons un peu ! Tu dis que tu es conservateur ? Expose-moi donc ce qui a pu rattacher à un parti qui ne passe point pour prendre un très-vif souci de nos libertés et de nos progrès, non plus que de notre honneur national, un cœur chaud comme le tien et une conviction si neuve et si généreuse.

— Oh! mon oncle, vous m'obligeriez à prendre les choses d'un peu haut, et je ne sais.....

— Prends-les où tu voudras, mais explique-toi. Tu sais combien j'aime la politique, et si j'y fais de fréquentes excursions : toi, au contraire, tu m'avais souvent paru l'éviter, et, de la part d'un garçon comme toi, semblable indifférence m'étonnait; elle me faisait même peine. J'étais fâché de voir manquer dans nos entretiens mon sujet favori. Mais il paraît, hypocrite, que tu faisais ton coup à la sourdine, car, si je te connais, tu viens vraiment de me laisser voir dans un seul mot toute une opinion. Eh bien! tant mieux! et, dussions-nous être complétement adversaires, puisque je te tiens enfin sur mon terrain, tu peux compter que je ne t'en laisserai pas sortir sans une explication en règle. Parle donc! je t'écoute avec le plus vif intérêt.

— Vous êtes charmant, mon oncle; mais, vraiment, cela durera-t-il jusqu'au bout? J'ai bien peur qu'à la fin de tous mes beaux discours nous ne soyons un peu brouillés, car je ne ménagerais guère votre chère opposition.... Et d'ailleurs notre soirée?

— Bah! bah! tant pis pour la soirée! s'il le faut, nous n'irons pas. Et quant à ta précaution oratoire à l'endroit de l'opposition, tu veux rire sans doute? Du reste, je crois que tu n'aurais guère peur de moi, coquin. Je t'aime comme mon sang, c'est le cas de le dire, et tu le sais bien. Tu sais bien que je te prends au sérieux, que je me complais dans ton esprit, dans ta vive parole, que c'est mon bonheur et mon orgueil d'y sentir à la fois tant de gravité et d'entraînement. Tu fais de moi tout ce que tu veux; et, si tu te mêles à présent de politique, je parierais qu'au fond tu ne désespères pas de m'amener quelque jour à tes opinions. Et, de fait, si je dois jamais me convertir, ce n'est guère que toi qui feras le miracle avec ta langue ensorcelée.

— Ce que vous me dites là, mon oncle, est encourageant; mais, franchement, je n'espère guère de votre endurcissement. Je compte aussi peu sur la force de la raison que sur la faiblesse du sang. Convertir, avec des idées seulement, un coryphée de la vieille opposition, un patriote de la création, un magistrat inamovible qui se donne si commodément le plaisir de faire des niches à l'administration dans les batailles électorales! Songez—y donc, mon oncle! Comme vous le dites, ce serait miraculeux, et vraiment, sauf à répéter une plaisanterie quelque peu banale, je redouterais presque pour votre santé un tel bouleversement de toutes vos manières de sentir. Que deviendriez-vous, par exemple, s'il vous fallait penser désormais, comme au meilleur temps du droit divin, quoique par des raisons terriblement différentes, que les rois sont plus et mieux qu'un mal nécessaire?... Rien que les mots vous ont fait frémir, et je dois voir en cela un avertissement. Rassurez—vous donc, mon oncle; je n'aspire pas à vous ébranler dans

votre antique libéralisme. Et, cependant, puisque
vous le désirez, je vais vous exposer mon opinion,
toute mon opinion. J'y tiens maintenant moi-même.
Vous m'avez touché à l'endroit sensible. Il importe à
la prétention que j'ai de ne pas stériliser en moi l'âge
convenu des choses généreuses, que je sache vous
montrer comment l'on peut être à la fois jeune et conservateur, et comment même, pour être conservateur, c'est aujourd'hui une puissante raison que d'être
jeune.

— Bravo! voilà bien la question! Prouve-moi
cela, et, malgré tes plaisanteries, je suis des tiens;
car enfin, si c'est une manière de se rajeunir, qui
pourrait trouver la conversion mauvaise?

— C'est très-bien dit, mon oncle, et j'approuve
cette façon de se mettre toujours en garde contre le
qu'en dira-t-on? Grande raison d'État, que le *qu'en
dira-t-on?* pour la vertueuse et pudique opposition!
Mais passons. Je vais donc vous dire, mon oncle, ce
qui m'a fait conservateur. Permettez d'abord que j'en
finisse avec cet article de *la Presse*, que je tiens à
lire. En moins d'une minute, je suis entièrement à
vous.

— C'est cela même, et dépêche-toi! car il me pa-

raît que tu es dans un mauvais pas, et il me tarde
de voir comment tu vas t'en tirer. —

Tu conviendras, lecteur, que ce prélude d'entretien
justifiait assez singulièrement le pressentiment que
m'avait donné l'aspect seul de mon jeune homme. Tu
peux imaginer si ma curiosité y trouvait son compte.
Ajoute à ce que je t'ai dit de mon plaisir à saisir tous
les lambeaux de conversation qui se font autour de
moi dans ces sortes de rencontres, ajoute à cela que
j'étais moi-même un enragé de conservateur, fana-
tique, en ma qualité de partisan renforcé de la démocratie, d'un pouvoir agissant, énergique, ayant de
l'initiative, surtout de l'esprit de suite, et, pour cela,
de l'avenir et de la fixité; dévoué, par toutes ces raisons et par beaucoup d'autres aussi bonnes, dévoué
à l'idée d'une royauté jusque dans une société démocratique; croyant, en d'autres termes, à la possibilité
d'un rôle démocratique pour une royauté; adhérant,
pour ce rôle, à la royauté de juillet; croyant même,
dans ce sens, à l'œuvre de Louis-Philippe, surtout à
la portée, à la grandeur de son système de la paix;
attendant enfin de la dynastie d'Orléans un service
généreux et efficace pour tout ce que la démocratie
saurait vouloir énergiquement, mais sans parti pris

contre elle ; et figure-toi l'intérêt que dut éveiller en
moi, dans une telle bouche, cette annonce expressive
d'une politique qui avait tant de chances d'aller à
mon cœur et à mon esprit ! Quelle exposition, quelle
défense allait en faire devant moi, à côté de moi, ce
jeune homme de mon âge, à la fois si sérieux et si
railleur, qui, sans que je l'eusse connu jamais, avait
si vite gagné dans mon estime le droit de parler pour
notre génération ? Je brûlais de l'entendre, tu le con-
cevras, et je n'aurais pas, à coup sûr, donné la discussion qui s'apprêtait, pour le plus ravissant de tous
les spectacles.

Avec cela, si je réfléchissais un peu, je me disais :
Voici qui est assez étrange, en vérité ! Ce jeune homme
qui va faire de l'ordre et de la conservation contre
une barbe grise ; ce neveu qui va reprocher des entraînements, des emportements à son oncle, qui va
rappeler ce vieux magistrat au sentiment des réalités,
aux enseignements de l'expérience ; cet enfant de la
dernière venue des générations dans la vie politique,
ce représentant de la jeunesse actuelle, telle qu'ont
dû la former l'observation calme d'une révolution en
travail d'expédients et de doctrines, et la préoccupation légitime d'un rôle politique pour sa maturité,

aux prises avec un homme de la restauration, avec
un de nos anciens libéraux, avec un patriote de la
vieille gauche, avec un des fougueux sans doute de
la révolution de juillet; en un mot, l'âge de la fa-
tigue, du désenchantement, des opiniâtres défiances,
après un grand renversement, s'attaquant à l'âge des
longues espérances, des impatients désirs, et de l'activité présomptueuse, en face d'une grande œuvre de
fondation : certes voilà qui aura son intérêt, sa moralité, sa hauteur même, et vraiment aussi son importance comme révélation de l'esprit du temps!
Écoutons bien quelle querelle va chercher à son aîné
cet échappé des écoles rajeunies de la révolution!

Et je me rapprochai insensiblement de la table où
s'allait agiter ce curieux débat.

II.

Je vous ai dit, mon oncle, reprit au bout d'un instant le jeune homme, que je serais obligé de com-
mencer un peu haut mes explications. C'est que la
manière dont une opinion s'est formée, dont une conviction s'est établie, n'est pas chose indifférente dans
l'appréciation qu'on en donne à faire. D'ailleurs,
comme vous venez de le remarquer vous-même, depuis cinq ou six ans c'est à peine si nous nous sommes
entrevus pendant mes vacances ; voilà même près de
trois ans, depuis que votre nomination de président
vous a relégué si loin, que je n'ai pu ainsi que d'ha-

bitude en passer une partie près de vous ; et, si je vous raconte la formation de mon opinion politique, ce sera comme une histoire de ma vie intellectuelle, depuis que je me sers quelque peu de ma pensée. Cela ne peut manquer d'être pour vous d'un certain intérêt.

— Tu as bien raison, mon ami. Ce sera de toute manière d'un très-grand intérêt pour moi, et je suis tout oreilles.

— Quand je suis venu à Paris, mon oncle, pour faire mon droit, je n'avais guère, vous savez, que dix-neuf ans, et j'étais, comme tout collégien fraîchement émancipé, muni d'une quantité assez raisonnable d'idées empruntées, et de ce qu'on vante peut-être trop dans la première jeunesse sous le nom d'instincts généreux. A tous les âges, je l'ai bien remarqué depuis, les âmes honnêtes aiment les choses honnêtes, et ce sont leurs constantes aspirations vers quelque chose ayant ce caractère, et dont elles veulent remplir leur vie, qui sont vraiment des instincts généreux. Les difficultés que l'expérience leur montre dans la réalisation de la meilleure pensée, n'enlèvent rien à l'ardeur de leur sympathie pour cette pensée. Ces âmes sont dévouées à tout ce qui est grand, alors même qu'elles savent très-bien que tout ce qui est grand est difficile. Au sortir du collége, on n'a dans les instincts rien de pareil. Sans le croire, on suit beaucoup plus les impulsions du corps que celles de l'esprit. On ne sait rien de l'existence, presque rien des hommes, et, en toutes choses, dans ses sympathies comme dans ses répulsions, on est dupe des mots. Vous entendez dire que tel parti est le parti de la liberté, vous aimez ce parti de la liberté. On vous parle d'un parti du peuple, vous êtes de ce parti du peuple. On vous donne le pouvoir pour de l'oppression, vous détestez l'oppression et le pouvoir. On vous donne les rois, leurs ministres et leurs agents, les premiers comme des exploitateurs, les autres comme les suppôts de ces exploitateurs, et vous criez d'une haine commune à tous, et en renforçant encore ce mauvais jargon : à bas les rois ! A bas leurs ministres ! à bas toute leur valetaille ! Et cela, de confiance, sans rien connaître, et parce que, vraiment, dans vos haines comme dans votre dévouement, vous croyez aimer l'honnête, aimer la liberté, en même temps que détester la bassesse et l'oppression ! Eh bien ! en cela vous êtes dupe, vous êtes horriblement dupe de dénominations menteuses, de déclamations

vides ; et même , si vous pouviez alors supposer le
quart des fatigues et des obstacles qui se trouvent
dans le culte de l'honnête , dans le service de la
liberté ou la lutte contre l'oppression , il est presque
certain que votre âme , encore faible et manquant de
trempe , se déconcerterait, s'effraierait, et délaisserait
son culte et son entreprise. Seraient-ce donc là ces
instincts si généreux , et faut-il tant vanter cette faiblesse de l'esprit , cette facile chaleur du cœur , qui
ne vous porte alors , envers les hommes comme envers les choses , qu'à des sympathies sans efforts , à
des haines sans combats , et à des volontés sans réalisation ou sans entraves ?

De ces instincts-là , mon oncle , j'en avais beaucoup , et ils dataient pour moi presque de l'enfance ,
et d'un vague souvenir de la révolution de juillet.
Malgré ce fardeau d'admirations et d'antipathies cré-
dules , d'opinions toutes faites et fort mal faites , que
j'apportais de ma province , je ne croyais pas tout
savoir en venant à Paris, et j'y arrivais avec un immense désir de voir , d'examiner , d'apprendre , et
d'étayer un peu mieux cette masse de pauvres notions
et de principes disjoints , qui composaient déjà mon
bagage d'esprit. A peine installé , je me jetai à corps

perdu dans ce tourbillon de toutes les idées, qui fait
la vie du véritable étudiant au fond du quartier latin ;
mais, contrairement à ce que vous pensiez de moi,
mon oncle, avec l'inclination la plus marquée pour
la politique. École de Droit, collége de France, Sor-
bonne, cours de toute espèce, séances des chambres,
séances des académies, cabinets de lecture, journaux, revues, brochures, livres de toutes sortes,
mais tout cela, je le reconnais, sans beaucoup de
calme, sans beaucoup de réflexion, sans beaucoup
de méthode : voilà ce dont je cherchai pendant trois
ans à me former des idées et des manières de voir à
moi, avec une persévérance de curiosité, qui, en
politique, n'avait d'égale que la persistance, je de-
vrais dire l'augmentation de la confusion, du désordre, de la contradiction entre toutes mes connais-
sances, tous mes sentiments, et tous mes préjugés.
De ce côté, plus j'apprenais, moins je comprenais ;
et j'allais m'en prendre de ces mauvais résultats d'une
mauvaise manière d'étudier à l'étude elle-même,
pour envoyer livres et journaux au diable, et lancer
mon imagination à la traverse vers un but beaucoup
plus séduisant, et d'une poursuite beaucoup plus facile à mon âge, que le classement de ces idées dis-

parates , et la fixation de ces vacillantes théories ,
dont les bouts m'échappaient toujours.

A la fin de mon cours de droit, je partais en vacances fatigué, attristé , avide de distractions , mais
au fond me débattant sans cesse contre le sentiment
de mon impuissance. Je me promettais donc de passer joyeusement ce temps de répit , et pourtant aussi
de profiter de mon loisir, de ne guère lire , de réflé-
chir beaucoup , de m'arranger une méthode , et , sous
prétexte de faire mon stage à Paris , de revenir à la
charge , armé de pied en cap , et décidé, si , dans
cette passion de la politique qui faisait ma passion
pour l'étude, je n'arrivais bientôt à quelque chose,
à suivre en plein le torrent de ma jeunesse et de tout
autres entraînements.

— Comment ! Tu en étais venu à te décourager ,
toi ? J'ai bien de la peine à me figurer cela , comme
aussi à comprendre qu'avec ton esprit si vif et si net ,
tu aies rencontré tant de difficultés dans les questions
que tu prenais la peine d'étudier.

— C'était pourtant comme cela , mon oncle; et
notez que c'est précisément, comme je vous l'ai dit,
dans ce que j'étudiais avec le plus d'ardeur et d'application , que j'étais arrivé à ce résultat découra-

geant. Ainsi en littérature, je sentais que je n'avais pas perdu ma peine, et que mon goût devenait chaque jour plus sûr, ma pensée plus étendue. J'avais retiré de mon droit quelques notions de bon usage, et quelques idées générales assez nettes. Mais dans cette infernale politique, qui avait eu la meilleure part de mon ardeur et de mes préoccupations, je n'avais pu, malgré des efforts opiniâtres et une lecture assidue et scrupuleuse des journaux de toutes nuances, arriver à rien de décisif, et qui fût un véritable progrès. Chaque fois que je m'étais fait un jugement sur un homme, ou une opinion sur une question, je m'étais vu, soit tôt, soit tard, démenti, dans la presse ou à la tribune, par ceux-là mêmes dont j'aurais cru pouvoir attendre un renfort pour ce jugement ou cette opinion. Le plus souvent je ne savais à quoi m'en tenir au milieu de cet éternel combat entre les mêmes hommes et les mêmes choses, de toutes ces attaques et de toutes ces défenses si diverses d'une même doctrine ou d'une même personne, de tous ces outrages au pouvoir, de toutes ces flatteries au peuple, de toutes ces fatigantes équivoques des partis, et de ce partage entre tous les talents et toutes les opinions des mêmes grands mots et des mêmes

grandes hypocrisies. D'ailleurs j'avais fini par comprendre combien il fallait d'observation, d'étude,
et d'habitude, pour se reconnaître dans cette foule
de noms propres, dans cette multitude d'idées et de
théories personnifiées, désignées par ces noms propres, et dans ces polémiques interminables, dans
ces subtilités à perte de vue sur l'application des théories aux noms propres, et des noms propres aux
théories. En fin de compte, je ne m'étais approprié,
de tout cela, ni un système solide, ni seulement une
tendance prononcée. En fait de journaux, si j'avais
une préférence, c'était pour le *Journal des Débats*,
à raison sans doute de ce que je lui avais toujours
trouvé plus d'esprit et de goût qu'aux autres ; et, en
fait de tendance, si j'en avais une quelque peu marquée, c'était à croire que désormais il y avait plus à
faire avec le gouvernement qu'avec l'opposition, et
qu'à tout prendre, l'énergie, la prudente hardiesse,
les bonnes raisons et l'esprit de suite venaient plus
souvent du côté du pouvoir que du côté de ses adversaires. Si donc j'étais quelque chose, c'était partisan
du gouvernement ; et cela, tout en me sentant, quant
aux idées sociales, porté tout entier vers la démocratie.

Voilà quel était pour moi, en politique, le vague résultat de trois ans d'étude et d'application consciencieuse! Je le répète, j'en avais de la tristesse, ou plutôt même une sorte de colère. Je fis de mes vacances ce que je m'étais promis. Je me reposai et m'amusai d'abord. Mais je n'étais pas dans ma famille depuis long-temps que toutes mes inquiétudes d'esprit, que toutes ces contradictions d'idées qui m'avaient tant tourmenté revenaient s'emparer de moi. D'où vient donc, me demandais-je, que, dans tout ce que j'apprenais en dehors de la politique, je pouvais sentir chaque jour quelque progrès se faire en moi, et qu'en politique, plus je m'y appliquais, plus je voulais pénétrer dans ses complications d'hommes et de choses, et plus j'arrivais à la confusion et à l'impossibilité de me rien expliquer? N'ai-je pas lu, sans y manquer un seul jour, toutes les sortes de journaux, tous les documents de quelque importance, tout ce qui pouvait m'apporter un enseignement sur quelqu'un de nos hommes d'État ou sur la question dominante du moment? Pourquoi donc ne sais-je rien, ne puis-je rien deviner, ne puis-je rien prévoir, et, si je me forme une opinion réfléchie ou me laisse aller à quelque conjecture, suis-je toujours contredit

par le propre parti de mon opinion ou démenti par les
événements? La route que j'ai prise ne serait-elle
donc pas la bonne, et les journaux, par hasard, ne
seraient-ils pas la vraie source où celui qui veut juger par lui-même doit aller chercher l'opinion publique, la science des questions et la vérité sur les personnes comme sur les affaires?

Le fait est, me disais-je bientôt, que cette presse
quotidienne est une étrange chose! Si l'on veut tout
lire pour juger avec impartialité, cela devient un travail suivi, une étude difficile, dont bien peu de gens
sont capables, soit par défaut de temps, soit par défaut d'aptitude; et, si l'on ne veut lire qu'un seul
journal, cela devient une duperie certaine et l'adoption d'un mensonge continuel, ou l'abdication de tout
jugement, dans l'impossibilité de se prononcer d'a-
près des idées exclusives et sur des renseignements
toujours faussés par l'esprit de parti.

Ainsi donc il faut se faire des journaux un objet
particulier de préoccupation, ou n'y pas toucher; et
encore, quant au premier parti, j'éprouve par moi-
même combien les résultats en sont douteux ou lents
à venir, et, de toute façon, chèrement achetés. A ce
titre, la presse, dans son action la plus générale et la

plus certaine, aurait donc pour effet de fausser l'opinion? Elle serait donc une chose plutôt nuisible que
bonne, et la liberté de la presse ne vaudrait donc pas
tous les combats qu'on a soutenus et tout le sang
qu'on a versé pour elle?

Serait-il donc possible, ajoutait en moi la réflexion,
que la pensée et la civilisation de tout un peuple se
trompassent ainsi?

Non, cela n'est pas possible, répondais-je au bout
de quelque temps; non, cela ne se peut pas. Et je
m'en donnais des raisons invincibles.

Mais dès ce moment, mon oncle, j'arrivais pour
mon compte à une distinction que j'ai retrouvée plus
tard dans les écrits d'un homme qui a pu mieux que
nul autre connaître et signaler les misères et la sté-
rilité du journalisme; et cette distinction consiste à
séparer complétement la liberté de la presse du journalisme tel qu'il est actuellement constitué.

Dès ce moment aussi j'avais une adhésion toute
prête pour cette vue profonde du même publiciste :

« Le journalisme qui prépare le triomphe de la dé-
» mocratie ne fait que hâter, à son insu, sa propre
» défaite ou tout au moins sa transformation; car le

» journalisme tel qu'il existe et la démocratie telle
» qu'elle s'annonce seront incompatibles. Pour pou-
» voir gouverner l'une, il faudra nécessairement sa-
» crifier ou améliorer l'autre ; car la multitude toute-
» puissante ne saurait se conduire sans prestige, et
» contre la force du nombre il n'y a que la supériorité
» de l'esprit. Or, là où le journalisme n'accorde
» jamais que la raison et la moralité puissent être du
» côté du pouvoir, et affirment toujours qu'elles sont
» exclusivement du côté de l'opposition, il n'est au-
» cune autorité respectée, aucune forme de gouver-
» nement durable. Et ce que nous venons de dire ne
» sera pas seulement vrai pour la France. »

— Oui, c'est très-bien, cela. Seulement, si jusqu'à
ce jour on a donné plus souvent raison à l'opposition
qu'au gouvernement, c'est qu'en effet le gouvernement a presque toujours eu tort. Tout cela changera
quand l'opposition sera parvenue au pouvoir. De qui
est cette observation?

— Elle est, mon oncle, ainsi que bien d'autres
pensées également fécondes et bien d'autres questions
remarquablement posées, du fondateur et du rédac-
teur en chef de ce journal auquel vous adressiez tout

à l'heure vos gentillesses; elle est de M. Émile de Girardin [1].

— Ah! voyons : redis moi un peu cela.

— C'est inutile, mon oncle, car maintenant vous contesteriez. Revenons à notre propos. Je vous expliquais comment la réflexion m'avait conduit à me défier du journalisme; défiance salutaire, défiance dont je ne saurais trop garder le souvenir, car elle fut pour moi le commencement d'une sorte d'émancipation intellectuelle. Et remarquez bien qu'il ne s'agit pas ici d'une de ces déclamations banales contre le journalisme, lancées, pour se donner des airs entendus, par gens qui n'en continuent pas moins de prendre dans ces imposteurs de journaux tout ce qu'ils croient et tout ce qu'ils disent en politique. Non, non. C'était un retour vraiment sérieux sur une façon jusque-là fort sérieuse aussi d'étudier les questions publiques. Le temps, bien vous pensez, ne fit que renforcer en moi ces dispositions, et bientôt j'allais remonter à la source même du désordre de mon esprit. Oui, bientôt. Je ne tardai pas en effet à passer de ma défiance à cette opinion arrêtée, que je

[1] ÉTUDES POLITIQUES (de la liberté de la Presse et du Journalisme), par M. Émile de Girardin.

vous donne aujourd'hui, fortifiée de mes observations
ultérieures, comme mon dernier mot sur notre journalisme :

Ne lire qu'un journal est nécessairement le fait
d'une dupe, ou d'un esprit partial, pesant, cloué
dans une idée par l'intérêt ou l'habitude. Lire tous les
journaux, cela veut beaucoup de loisir, une application suivie, la faculté de les avoir tous sous la main ;
et du reste, cela ne peut être le fait que d'un esprit
savant, exercé, vigoureux, capable de saisir des
nuances, de démêler un sophisme et de dominer la
contradiction ; d'un esprit, par conséquent, muni
déjà de principes puissants et pris en haut, et qui ne
cherche dans le journalisme que l'apparition des questions, les allures des partis et l'amusant spectacle
des intrigues courantes. Comme moyen, pour les
grands meneurs, de jeter leurs expédients dans le
monde politique, de démasquer ceux des autres, de
s'arranger le beau rôle, de passer le vilain à leurs
adversaires, de faire dire ce qu'ils ne peuvent dire,
d'insister sur une explication heureuse, sur une objection embarrassante, de distribuer un avis, de lancer une nouvelle, d'insinuer une ouverture, de
donner un mot d'ordre pressant, de secouer les en-

gourdis, de ralentir les fougueux, de mettre en scène
les grands coups, en un mot de préparer ou de continuer leur besogne de parlement; et, ce qui est
autrement important, comme moyen pour les travail-
leurs de la pensée, d'introduire une idée dans la polémique, de la dégrossir, de la mettre à l'épreuve du
détail et de l'application logique, le journalisme constitue réellement, pour les corps politiques et pour
quelques centaines d'initiés, une publicité utile, un
contrôle efficace, un débat profitable, une manifesta-
tion de la vie politique pleine d'enseignements; et, s'il
ne dépassait pas ce cercle des habiles, il aurait peu
d'abus, produirait beaucoup de bien, et suffirait à
garantir les institutions. Mais la chose n'est pas ainsi
malheureusement; et, sans compter ces cas fréquents
où les grands meneurs éprouvent le besoin de gonfler
démesurément une question pour remuer l'opinion,
ou de se livrer à de tendres et expansives communi-
cations avec le corps électoral à l'approche des élections, le journalisme a ses nécessités, à lui, son service quotidien à faire, sa généreuse tendance à pro-
pager les lumières en multipliant les abonnements,
ses preuves de crédit à donner; et j'ai vu tel article,
mon oncle, qui ne s'adressait évidemment qu'à un

homme, à un seul homme, s'en aller par toute la
France intriguer des milliers d'honnêtes lecteurs sachant peu ce que parler veut dire, pour aboutir à
renforcer en eux quelque préjugé de parti. Or, comme
distributeur de l'éducation politique pour cette grande
majorité de lecteurs, et je dirai même d'électeurs peu
instruits, qui ne la peuvent recevoir d'ailleurs, et
qui, dans les grands procès de la politique, n'en-
tendent jamais qu'une partie, le journalisme actuel
est détestable : c'est le mot, mon oncle, et je le répète, il est détestable ; et c'est là une infirmité dont
le remède doit faire dès à présent la préoccupation
constante de tous les amis clairvoyants de notre démocratie, et qui, un jour, donnera bien de la besogne encore à nos hommes d'État. A qui, en dehors
des initiés, à qui rapportera jamais un principe solide
ou une idée puissante la lecture hâtive de ces élu-
cubrations précipitées, dans lesquelles, selon une
observation devenue banale, des hommes, qui n'ont
jamais su ou ne savent plus méditer, entassent pêle-
mêle et selon les besoins de l'événement, toutes les
sortes d'arguments et de systèmes, improvisent une
solution à toute question, ne parlent de la constitution
que pour des applications de circonstance, et ne pré-

sentent que les subtilités pratiques d'une doctrine à
des esprits, auxquels il faudrait les procédés de l'exposition la plus élémentaire? Encore une fois, la presse
quotidienne est un dialogue entre politiques raffinés,
dont il faut entendre tous les interlocuteurs, si l'on
veut y comprendre la moindre chose; et, pour continuer l'assimilation, ce dialogue ne saurait être plus
profitable à un homme neuf en politique, qu'à un
brave paysan, sachant juste lire, une conversation
de beaux esprits sur quelque haute question d'art ou
de littérature. On dit que les journaux reproduisent
l'opinion publique. Cela est vrai, en ce sens qu'après
l'avoir produite, ou altérée, ou égarée, ils ont tout
droit à s'en regarder comme les représentants. Et
c'est pourquoi un vrai ministre ne saurait trop avoir
l'œil sur eux, trop écouter ce qu'ils débitent, s'il
tenait à n'être pas surpris par une de ces boutades
électorales, qui peuvent un jour ou l'autre disloquer
toute une savante politique et compromettre les meilleures combinaisons. Cette raison de douter de toute
grande idée, de toute tradition, croyez-vous, mon
oncle, que ce ne soit pas un mal? C'en est un énorme,
et entièrement imputable au journalisme. Il y a dans
le pays deux ou trois grands instincts sociaux ou na-

tionaux, et de grands intérêts industriels et com-
merciaux, qui, éclairés en ce qui les touche des documents officiels et des débats parlementaires, et
abandonnés à leurs propres tendances, à leurs propres
luttes, dans des élections plus larges et plus centra-
lisées, suffiraient à constituer une opinion publique
souverainement respectable, et sur laquelle nos hommes d'État ne pourraient jamais trop s'appuyer. Tra-
vailler à cet affranchissement de l'opinion devient
une grande tâche, à laquelle il faut se préparer de
loin. Ce serait, avec une organisation plus forte de
l'instruction publique, ce qui faciliterait le plus toutes
les réformes, ce qui les contiendrait presque toutes,
ce qui du moins les rendrait toutes efficaces et salu-
taires. Ces choses d'ailleurs ont entre elles d'étroits
rapports, et je crois que le jour où quelques hommes
d'intelligente énergie en viendraient, sur les traces
de M. de Girardin, à considérer la presse quotidienne
comme une branche de l'enseignement national, elle
serait bien près de sa transformation, et l'opinion de
son affranchissement.

— Il y a du vrai dans ce que tu viens de dire. Mais
il me semble que tu es bien sévère !

— Sévère ! non, mon oncle. C'est parce que je

veux fortement la liberté de pensée et de discussion, c'est parce que je voudrais fortement même, par sa constitution rationnelle, la vraie puissance du journalisme, que je parle ainsi. Je sais que la liberté de la presse sans la discussion quotidienne aurait des effets trop restreints, et vous avez vu que je ne conteste pas les avantages du journalisme. Mais je trouve étrange que, dans un gouvernement fondé sur la discussion, on laisse à la prédication si exclusive et si divisée des partis la direction de l'opinion publique! Je trouve étrange qu'un homme, investi par nos institutions du droit de juger le gouvernement, ne puisse avoir les éléments de son jugement que s'il paye à quelque journal cet énorme impôt de l'abonnement, où la fiscalité elle-même entre pour une si grosse part! Je voudrais au moins que tout électeur eût en cette qualité communication des débats parlementaires, et des documents officiels par lesquels se traitent les grandes affaires de la nation. Les moyens, directs ou indirects, ne manqueraient pas pour cela, et ce n'est pas la considération de quelques millions qui devrait faire objection à cette réalisation de la publicité politique, dont il y aurait tant et de si grands avantages à recueillir. Les débats parlemen-

taires et les documents officiels des questions importantes, voilà l'enseignement par excellence des électeurs, et non les argumentations de partis dans les
journaux! A côté de ce haut enseignement de la tribune, ayez les polémiques de presse, rien de mieux !
Ce n'est plus que le commentaire à côté du texte.
Donnez à comparer, à l'électeur, donnez-lui les éléments d'une discussion, le *pour* et le *contre*, vous
lui donnez la liberté. Abandonnez-le à un seul journal,
à l'influence d'une seule opinion, vous le laissez sous
la domination d'un parti, dans une sorte de servitude
intellectuelle. Le journalisme actuel, je le répète,
c'est la compression plutôt que la liberté de l'esprit
public, et c'est au nom de la liberté même qu'il faut
en désirer la transformation.

Quoi qu'il en soit, mon oncle, vous voyez que pour
mon compte, par cette façon de considérer les journaux, je tenais désormais avec la drogue la manière
de m'en servir. Je ne saurais vous dire avec quelle
satisfaction je me sentais ainsi sortir du troupeau des
dupes. Je savais enfin où chercher une opinion, pour
l'avoir tant cherchée où elle n'était pas. Ah! me dis-je,
il ne suffit pas de regarder et d'écouter attentive-
ment, pour voir clair dans les choses de son temps et

entendre ce qu'annoncent les crieurs du journalisme!
il faut des principes préalables, une science toute
faite! Eh bien! faisons-nous donc des principes, une
science politique, commençons par le commencement,
et nous verrons!

C'était, mon oncle, tout un programme pour mon
retour à Paris. Aller aux sources de la science, remonter aux grandes pensées, aux grandes œuvres
des maîtres, faire des lectures réfléchies, suivre des
cours de droit constitutionnel et d'économie politique,
prendre chaque journal en lui-même, comme le bout
d'oreille d'un parti, sans plus me fatiguer à le mettre
d'accord avec lui-même et à vider ses querelles avec
ses confrères, m'attacher beaucoup plus aux débats
des chambres et aux documents officiels qu'à leurs
commentaires de la presse : telles en étaient les principales directions, et je me proposais bien de le
mettre scrupuleusement en pratique aussitôt que je serais rentré dans mon quartier latin. J'avais encore un
bout de vacances à user. Je voulus, sans plus tarder,
essayer de quelques bonnes lectures. Je pris le *Discours sur l'histoire universelle* de Bossuet; j'en mé-
ditai avec soin et en tout loisir les plus beaux chapitres; je lus quelques *Vies* de Plutarque; je feuilletai

plus souvent mon Tite-Live, en le rapprochant de
l'admirable commentaire de Machiavel ; et, après une
charmante récréation dans les *Lettres persanes*, je
pris une idée de l'ensemble de l'*Esprit des lois*, dont
j'étudiai avec détail quelques parties des plus remar-
quables. Cela m'avait mis en haleine et donné bonne
bouche. Déjà, en rentrant à Paris, je sentais qu'une
foule d'idées s'étaient éclaircies, précisées, installées
même dans mon cerveau. Décidément j'étais dans le
bon chemin. Je n'avais plus qu'à marcher, de façon
à rattraper le temps perdu. Vous pouvez croire, mon
oncle, qu'en effet l'ardeur ne m'a pas manqué. De
retour dans ce Paris, où tout devient faisable, j'ai
suivi de point en point mon programme. Plus j'avan-
çais, plus j'allais vite. J'avais hâte d'arriver au but,
au delà duquel déjà j'en apercevais un autre, plus
lointain, d'un accès bien autrement difficile, et vers
lequel je ne pourrais trop tôt repartir. J'y suis maintenant, à ce premier but, qui ne devait m'être qu'un
point de départ ; j'y suis, mon oncle, bien jeune
encore, et je n'estime pas qu'en y arrivant de la sorte
j'aie moins fait pour le service des honnêtes principes,
auquel je tiens maintenant toute prête une activité
raisonnée, qu'en me gonflant d'idées reçues de toutes

mains, qu'en me pavanant dans ces prétendus instincts généreux dont je parlais tout à l'heure. Vous
devinez que j'entends par là m'applaudir d'être devenu conservateur. Je vais maintenant vous ·dire
pourquoi et de quelle façon je suis conservateur.
Laissez-moi, je vous prie, redemander de cette eau
frappée et boire un peu, car j'ai aujourd'hui une soif
insupportable.

— Fais, fais, mon ami. Je suis ravi de tout ce que
tu viens de m'apprendre de tes laborieuses années
d'étudiant. Je disais bien que tu ne serais pas un
garçon comme les autres. Vraiment je commence à
croire que, si tu es conservateur, ce n'est pas sans
quelques bonnes raisons.

— Attendez, attendez, mon oncle, avant de me
faire vos compliments. Je vous dis que nous allons
probablement nous brouiller. —

Sur ce, lecteur, me croyant vraiment de l'entretien, je laissai paraître un sourire fort agréable à mon
jeune homme, qui, par hasard, avait tourné son re-
gard sur moi. Plusieurs fois déjà, pendant la vive
exposition qu'il venait de faire de ses peines d'esprit
à chercher une opinion dans le journalisme, je n'a-
vais pu retenir de certaines démonstrations appro-

batives qu'il avait parfaitement aperçues, et dont il
ne m'avait point paru trop contrarié. Il avait même
pris la chose en homme bien persuadé que mon in-
discrétion ne saurait lui être défavorable. Mon sourire, accepté comme une marque de sympathie, fut
payé d'un coup d'œil très-bienveillant. Cette espèce
d'accord tacite me donnait le droit d'écouter ouvertement, et, quand il reprit, j'étais rapproché de manière à ne pas perdre une de ses paroles.

III.

Lorsque je redescendis, mon oncle, des hauteurs
de la spéculation aux choses de notre temps, pour y
chercher l'application et la vie de cette foule d'idées
qu'avaient remuées en moi les livres de grande théorie, l'histoire des hommes et des époques les plus re-
marquables, et, spécialement, ces admirables discussions de l'Assemblée constituante, que j'étais allé
prendre dans le vieux *Moniteur*, je fus d'abord étonné
de la timidité des principes qu'on donnait à nos tant

libérales institutions, et du peu de consistance qu'a-
vaient, dans chaque parti, le petit nombre d'idées
dont s'alimentaient ses discussions de presse et de
tribune. Ceux qui avaient une intelligence assez nette
des doctrines sociales introduites par la révolution,
n'entendaient presque rien aux doctrines de gouvernement; et ceux qui comprenaient et pratiquaient
bien les doctrines de gouvernement en vogue, n'entendaient presque rien à tout ce qui règle et améliore
les situations et les conditions sociales. D'où pouvait
venir une telle discordance?

Nos institutions, me disais-je, prétendent à la
gloire d'avoir consacré la volonté qui a fait la révolution de juillet. Est-ce qu'une volonté aussi énergique
aurait pu dériver d'autre chose que d'un instinct,
simple, vif, puissant? Est-ce qu'une répulsion insi-
gnifiante ou douteuse aurait pu déterminer, dans le
peuple, cette hardie révolte? Si les principes de nos
institutions sont timides et défiants, peuvent-ils être
regardés comme l'objet et le prix de la révolution?
Et je répondais non. Ce qu'on donne comme le principe de nos institutions n'est donc pas le vrai principe de la révolution de juillet! Et je me suis mis à
chercher ce vrai principe.

A votre sens, mon oncle, qu'est-ce qui a fait la révolution de juillet?

— Hé pardieu ! je crois comme toi qu'on ne l'a pas faite pour cette timide politique, qui n'a pas cessé depuis quinze ans d'être la seule recommandation de tes conservateurs. Pourquoi on l'a faite, Paul, c'est pour consacrer la souveraineté parlementaire; c'est pour que la représentation nationale fût écoutée et obéie.

— Je m'y attendais. Ah! selon vous, mon oncle, la puissante raison qui a produit la révolution de juillet, ce n'est que la querelle de gouvernement, ce n'est que le débat de priorité entre la royauté et la chambre élective? Alors le grand effet de la révolution, ce n'est que le triomphe de la fameuse maxime *le roi règne et ne gouverne pas?*

— Précisément, mon ami. Tu peux voir cela dans la célèbre brochure de M. Thiers intitulée : *La monarchie de* 1830, et qu'il a publiée dans le chaud de l'événement. C'est un travail admirable et sans réplique.

— En effet, mon oncle, cette brochure, que je connais très-bien, est admirable et sans réplique, comme ayant trait aux circonstances et s'adressant aux hom-

mes du moment. La révolution faite, M. Thiers a su
la défendre. Sa brochure a écrasé les partis, qui
déjà se redressaient contre la nouvelle royauté. Toute
idée en est solide, toute phrase en est concluante pour
les hommes entendus, et alors M. Thiers ne devait
guère penser qu'à ceux-là. Sans cette brochure, je
ne sais si la chambre d'alors aurait eu la moitié de sa
fermeté, et si Casimir Périer l'eût trouvée si énergiquement docile. M. Thiers a bien montré là quel service on peut, d'un coup de plume, rendre à son pays.
En cela nous serons d'accord. Mais croyez-vous réellement, mon oncle, qu'aux trois jours il ne se soit agi
que de la souveraineté parlementaire, autrement de
la maxime *le roi règne et ne gouverne pas*, car c'est
une seule et même chose?

— Pas d'autre chose, mon garçon, et la question
valait la peine d'une révolution. Tu peux croire que
les 221 ne demandaient rien de plus.

— Oh! cela encore, c'est entendu. Je vous l'accorde. Les 221 ne demandaient rien de plus, et
M. Thiers, dans son apologie de la révolution de
juillet, a bien été leur véritable organe. Mais ce que
je vous demande, mon oncle, c'est si vous pensez
que M. Thiers et les 221 aient été en cela les vrais

interprètes de ce je ne sais quoi qui a mis les armes aux mains du peuple de Paris, du peuple, vous enten- dez? et rallié toute la France à sa victoire, et que ce peuple n'a pas cru pouvoir autrement et mieux ex- primer alors qu'en criant *Vive la Charte?* si M. Thiers et les 221 ont mieux vu toute la portée de la révolu- tion de juillet, que la Constituante n'avait vu toute la portée de la grande révolution?

— Incontestablement il n'y avait pas autre chose en jeu que la souveraineté parlementaire; car la sou- veraineté parlementaire, si nous l'avions complète- ment, ce serait tout. Avec cela, on obtiendrait tous les progrès.

— Eh bien! mon oncle, là-dessus je ne suis pas tout à fait de votre avis; et je crois qu'en cela M. Thiers, avec toute sa finesse, a pris le prétexte pour le motif, une cause secondaire pour une cause première. Si le débat eût été entre la pairie, presque libérale alors, et la royauté, parce que, je suppose, la royauté eût voulu attaquer quelque privilége de la pairie, la transformer pour la diminuer, et, par exemple, lui supprimer l'hérédité, chose énorme! croyez-vous, mon oncle, que le peuple eût fait la révolution ?

— Non, mon ami ; évidemment non. Mais où en veux-tu venir ?

— Voici, mon oncle. Supprimer l'hérédité de la pairie, c'eût été pourtant attaquer le parlement dans un de ses membres, et de façon à modifier considérablement la répartition constitutionnelle de la force parlementaire ; c'eût été porter une rude atteinte à la souveraineté parlementaire. Et pourtant, selon vous, le peuple n'eût pas fait la révolution ?

— C'est qu'en effet la pairie ne représentait pas aussi parfaitement le peuple que la chambre des Députés, et alors....

— Et alors le peuple ne se fût pas mêlé d'une chose qui ne le regardait pas directement ! Voilà où j'en voulais venir. Il y avait donc dans la révolution de juillet quelque chose d'un intérêt direct pour le peuple ?

— Certainement. Mais je n'ai jamais dit le contraire.

— Non, vous n'avez pas dit le contraire, mais vous avez dit quelque chose de différent. Intérêt populaire ou souveraineté parlementaire peuvent n'être pas contraires, mais sont choses différentes. La superbe aristocratie d'Angleterre a souvent fait de la souveraineté parlementaire, sans que le peuple y trouvât grand profit; et, en France, une chambre bourgeoise, aux sentiments bourgeois, pourrait, grâce à la souveraineté parlementaire, étouffer en un demi-siècle toutes les grandes idées du pays.

— Je ne comprends pas trop cela. Mais derechef où en veux-tu venir? Quelle est donc, selon toi, la vraie raison de la révolution de juillet?

— La vraie raison de la révolution de juillet, à mon sens, c'est la démocratie.

— Comment! la démocratie? Que veux-tu dire?

— Je veux dire que le vrai mobile, que la vraie force, que la raison toute première de la révolution de juillet, c'était un instinct démocratique; qu'en faisant la révolution de juillet, la France a voulu devenir définitivement une démocratie, en se débarrassant de tout cet attirail d'antiquités, de réminiscences et de vieilles vanités, que nous avait ramené la restauration. Sans doute, il s'est joint à cela d'autres motifs : pour les uns, le souvenir de l'invasion; pour d'autres, les idées assez courtes du vieux libéralisme; dans les masses, une antipathie assez déraisonnable pour tout ce qui était le pouvoir. De tout cela même, il reste encore quelque chose; et ce n'est pas le meilleur de notre esprit public. Mais ce qui dominait tout dans la volonté populaire, ce qui faisait vraiment l'unité de la révolution de juillet, c'était un instinct démocratique; et ce qu'il eût fallu, si les éléments en eussent été préparés alors, ce qu'il eût fallu mettre franchement, largement dans les institutions, ce qu'il faut désormais y développer sans relâche, pour être fidèle à la révolution de juillet, c'est la démocratie.

— D'accord. Mais, pour un conservateur, il me semble que tu revendiques cette origine avec bien de l'insistance.

— D'accord! non pas, mon oncle, s'il vous plaît. Où vous avez dit souveraineté parlementaire, j'ai dit, moi, démocratie, et j'ai prétendu que c'était très-différent. Quant à mon insistance sur ce point, ne vous en alarmez pas trop pour ma politique conservatrice, car j'espère bien en faire ma plus solide raison pour être conservateur. Mais nous n'en sommes pas encore là. Procédons, s'il est possible, avec un peu d'ordre. J'ai insisté sur ce point, que le fond de la révolution de juillet, c'est la démocratie, que le fond de toute politique prétendant sortir de cette révolution, ce doit être la démocratie. Voyons à bien établir cela.

Mon oncle, vous qui aimez tant le progrès, vous le devez bien connaître. En quoi, selon vous, consiste le progrès pour un peuple?

— C'est là, ce me semble, une question de trop, car la chose va toute seule, et tu aurais pu supposer la réponse. Le progrès pour un peuple, mon ami, c'est de mieux garantir chaque jour ses libertés contre le pouvoir; c'est d'améliorer ses institutions; c'est d'y introduire sagement les réformes que le temps réclame; c'est d'élargir la sphère des droits politiques, et d'admettre un plus grand nombre de citoyens à l'exercice de la souveraineté; et non de se condamner, comme le font tes conservateurs, à un *statu quo*, à une immobilité qui est la mort.

— Garantir les libertés contre le pouvoir, améliorer les institutions, faire des réformes, de sages réformes, comme vous dites si bien, étendre les droits politiques! oh! non, mon oncle, ce ne peut être là le progrès. Ce serait tout au plus le moyen ou la régularisation du progrès. Après cela, je sais bien que, dans la vieille opposition, vous prenez volontiers le résultat pour la cause, le moyen pour le but. Mais en admettant que toutes ces choses se lient plus ou moins à l'idée de progrès, essayons donc de saisir,

4

dans sa toute première donnée, ce que c'est que le progrès. Je vous refais ma question autrement, mon oncle! Quel est, à votre sens, l'objet dominant, essentiel de la civilisation?

— C'est d'améliorer et de perfectionner la nature humaine, d'ajouter à ses forces et à ses jouissances, en même temps, si toutefois la chose se peut, car l'histoire en fait douter, que d'en diminuer les infirmités et d'en restreindre l'élément vicieux.

— Fort bien, mon oncle. Vous auriez pu mettre, dans une telle définition, un mot qui rappelât Dieu, bien que cela eût été peu conforme aux habitudes de la vieille opposition. Mais, bien entendue, cette définition peut aller comme vous l'avez donnée. Restreinte à une société particulière, que sera donc la civilisation?

— Elle sera le travail incessant de cette société sur elle-même pour l'amélioration de la condition humaine dans tous ses membres.

— Ajoutez : au profit de sa participation à la civilisation générale, et ce sera parfait. Améliorer, élever la nature humaine dans tous les individus, prendre à souci la condition et la dignité humaines dans toutes les classes, dans toutes également, notons ce point, pour que, de leur travail commun, de leur activité concentrée, il résulte un service plus efficace et plus glorieux de la civilisation tout entière : voilà bien, pour une société, le grand objet de tout effort, la raison même de sa civilisation propre, la condition de sa conformité avec la pensée de Dieu relativement à l'humanité ! Pour resserrer encore les termes, l'œuvre par excellence d'une société sera donc dans son effort incessant pour rendre plus équitable, plus régulier, plus largement protecteur, et par suite plus efficace, le règlement des conditions sociales, le classement et l'emploi sociaux des forces et des activités individuelles ! L'objet dominant, essentiel de la civilisation, pour un peuple, est donc une chose d'ordre social, d'amélioration sociale ?

— C'est entendu.

— Cet objet essentiel, dominant de la civilisation, sans doute, à votre avis, ce sera, sous un prétexte ou un autre, le fond, la raison dominante de ces grands instincts, de ces grandes volontés des peuples, qui, si elles sont contrariées, deviennent des révolutions ?

— Incontestablement.

— Eh bien ! mon oncle, c'est en cela que je fais

4.

consister le progrès, et c'est cela que j'appelle la démocratie.

— Moi aussi.

— Et c'est cela qui était au fond de la volonté populaire aux journées de juillet.

— A l'entendre ainsi, j'en demeure d'accord.

— Et c'est cela qu'il faut désormais mettre de plus en plus dans la politique.

— Sans aucun doute.

— Ainsi donc, mon oncle, selon vous comme selon moi, cette sollicitude égale pour tous ses membres de la part d'une société ; cette détermination de son intérêt suprême, souverain, faite d'après le nombre des âmes plutôt que d'après la somme des richesses ; cette réduction de toutes ses classes diverses à une simple hiérarchie, qui ne soit exclusive à aucun de ses degrés, et par laquelle se fasse la solidarité de tous les devoirs comme de tous les droits, ou l'unité par excellence de cette société ; cette conformité aussi grande que possible de la hiérarchie sociale avec la hiérarchie de la nature, où se montre indubitablement une classification providentielle ; cette assistance de la loi pour chacun dans sa prétention à l'emploi social des forces qu'il a reçues de Dieu, et rendues

par le travail capables d'utilité; en un mot, ce développement incessant de l'idée de justice dans l'ordre
social, ce retour de l'humanité, dans chaque nation, à
son caractère primitif et sacré de grande famille, de
race homogène, et cette relation bien sentie de
l'homme à l'humanité au moyen de la nation : voilà
maintenant la démocratie; voilà ce que veut la France
de juillet, bien qu'avec confusion encore, quand elle
parle de démocratie; ce qui va désormais entrer de
plus en plus dans ce mot pour l'intelligence moderne,
et ce qui, par suite, devra pénétrer de plus en plus
dans la politique; et non ce que tant de gens vont toujours chercher dans les vieilles définitions, fabriquées
pour de vieux livres, d'après de vieilles institutions,
à l'adresse de vieilles sociétés. Les mots changent
avec les choses, vous le savez, mon oncle. Ainsi, pour
l'intelligence moderne, une fois dissipé ce qu'il y a
de confus encore, je le répète, dans toutes ces idées,
la démocratie ce sera donc avant tout une chose d'ordre social; ce sera, du même aspect, la priorité re-
connue des choses d'ordre social sur les choses d'ordre gouvernemental ou politique; ce sera, implicite-
ment, une distinction entre la forme de société et la
forme de gouvernement, entraînant une subordina-

tion complète de la seconde à la première ; ce sera
l'esprit démocratique souverain, et, par lui, l'intérêt
populaire dominant dans la société, ce qui est plus et
mieux que la domination populaire dans le gouvernement ; ce sera, dans l'ordre politique, une représen--
tation élective du corps social, qui assure cette influence souveraine de l'esprit démocratique dans la
direction de la société et la confection de la loi, et
dont les pouvoirs n'aillent qu'à ce but et se détermi-
nent par ce but ; ce sera donc le contrôle pour cette
représentation, le contrôle au nom de la société, au
nom de la nation, autrement le vrai droit du maître,
au lieu du gouvernement pour les chambres, au lieu
de cette vide maxime de polémique : *Le roi règne et
ne gouverne pas,* pour le parlement ; ce sera, dans le
gouvernement proprement dit, une personnification
durable de ce que M. Guizot appelle si bien l'unité
persévérante de la pensée sociale ; ce sera, en un mot,
le principe de justice sociale supérieur à tout et réglant tout, institutions civiles, institutions politiques,
gouvernement, relations étrangères, questions de paix,
questions de guerre, questions d'industrie, questions
d'impôt et de douane, tout enfin, tout ce qui fait la vie
d'un peuple chez lui, et sa nationalité, je dirais volon-

tiers sa personnalité dans la société des nations. Avec cette notion de la démocratie, il est évident qu'il y aura domination, souveraineté du peuple, dans toute société où il y aura souveraineté, domination de l'esprit démocratique, sans qu'il y ait pour cela gouvernement par la multitude, intervention de la multitude dans les affaires politiques, et sans que, pour le parlement, il y ait autre chose que le contrôle au nom du peuple, ce qui, encore une fois, n'a rien de commun avec le gouvernement des chambres, avec cette prétention des chambres, si mal désignée et surtout si mal interprétée sous le nom de souveraineté parlementaire. De cette sorte, mon oncle, ce mot de démocratie, n'en signifiant que mieux domination du peuple, dans cette extension prodigieuse de son acception, n'aurait fait que revenir au sens intime de son étymologie, et l'intelligence moderne aurait gagné sur l'antiquité la vérité de l'expression aussi bien que la vérité de la chose. Comme j'aurai dans un instant à faire de la politique pratique, courante, actuelle, avec toutes ces vaines abstractions, avec toutes ces idées creuses, comme disent les fortes têtes, voulez-vous, mon oncle, que j'appuie davantage sur cette notion moderne de démocratie, sur ses rapports avec la question de gouvernement? vous verrez qu'au lieu d'embarrasser notre entretien, cela ne fera qu'en précipiter la conclusion.

— Je le veux bien, mon ami. Je ne trouve pas du tout ce que nous disons insignifiant ou creux, et il me semble, au contraire, que c'est plein de sens et d'intérêt. Allons! allons! je vois que nous ne sommes pas trop loin de nous entendre.

— Nous sommes cependant bien loin, mon oncle, de l'adoption de la seconde liste du jury, de la réforme des incompatibilités, et de toutes les petites précautions du vieux libéralisme contre le pouvoir. Continuons à marcher. Je ne demande pas mieux que de vous voir me suivre, dussé-je vous entendre bientôt me reprocher de vous avoir conduit dans un coupe-gorge.

— Quant à cela, mon ami Paul, ne t'inquiète pas. Tu peux compter que je ne te suivrai qu'où je voudrai bien.

— Je n'en doute pas le moins du monde, et ce dont j'ai peur précisément, comme je vous l'ai dit plusieurs fois, c'est que, dans une boutade de votre logique, nous ne finissions par nous brouiller. Mais, puisque pour le moment nous sommes d'accord, entrons ensemble dans le développement et les conséquences de ces principes sur lesquels nous sommes d'accord. Établissons bien en quoi consiste la démocratie. Il nous sera facile ensuite, je le répète, de discuter le meilleur moyen de l'introduire dans la pratique du gouvernement.

IV.

Il ne sera pas mal d'abord que je vous explique rapidement, mon oncle, d'où vient cette confusion que je vous ai signalée avec insistance dans la notion actuelle de démocratie; confusion si fâcheuse, et qui est, selon moi, la grosse affaire de notre temps. C'est un de ces embarras de la pensée publique qui font souvent l'indécision de toute une époque; car, vous le savez, le trouble dans les idées fait toujours le trouble dans les volontés; à ce point, que rajuster une notion importante sur l'esprit de son temps peut et doit devenir parfois la première ambition d'une forte intelligence. Et vraiment, en ce qui regarde la démocratie, serait-ce une tentative sans difficultés et sans mérite, que celle où, pour redresser les idées vulgaires, on devrait d'abord lutter contre les opiniâtres préjugés de la science et tout le crédit des antiques définitions? Vous allez en juger.

Quelle idée, en effet, mon oncle, nous ont donnée de la démocratie les grands maîtres de la politique, pour nous en tenir à du concluant, ceux dont les définitions constituent le langage politique, et usurpent à la longue ce respect même que les siècles gardent à leurs auteurs? Aristote, mon oncle..... Ne vous effarouchez pas, de grâce. Je vous assure que je ne vise nullement aux airs savants, et qu'avec ces grands noms je tâcherai de vous dire des choses très-simples, et qui aillent aussi droit que possible à mon dessein. Mais encore faut-il prendre les idées où elles sont, et, pour mon compte, je trouve cent fois plus de profit, plus de clarté dans l'expression première et laconique d'une idée, dans la phrase unique et méditée d'un homme de génie, que dans les dissertations allongées d'un esprit secondaire, ce qui veut presque toujours dire pesant, prolixe et diffus. J'ai horreur de ce style enchevêtré, pâteux, obscur surtout, qui,

remplissant de phrases étriquées des volumes qui
n'en finissent plus, croit ainsi, pour y réussir parfois,
se faire passer pour du Montesquieu et même du
Rousseau. Permettez-moi donc d'aller prendre chez
les maîtres ce qui n'est que chez eux, je veux dire
des idées claires et un langage clair. D'ailleurs, c'est
chez les Grecs, vous le savez, que se trouve l'origine
de presque toutes les notions et toutes les dénominations politiques. J'allais vous parler d'Aristote. Commençons par son devancier, par Platon.

C'est une chose singulière vraiment que la méta-
morphose des mots sous l'action du temps! La *République* de Platon, ce livre qui fait mes délices, et où
j'ai appris la démocratie, est remplie en effet de cette
démocratie qui passionne l'intelligence moderne. Eh
bien! les pages divines où déborde en idées immor-
telles cette démocratie-là, n'y cherchez pas le mot,
vous ne l'y trouveriez pas. Par exemple, vous ne le
trouveriez pas au troisième livre, dans cette poétique
fable des trois races d'or, d'argent et d'airain, qui,
bien comprise, le fait prononcer de suite au lecteur de
notre siècle, puisqu'elle n'est pas autre chose qu'une
hiérarchie sociale fondée sur la hiérarchie naturelle,
sans être aucunement exclusive. Où le trouverez-

vous? Vous le trouverez beaucoup plus loin, au hui-
tième livre, quand, après avoir fondé son État, Socrate, expliquant la corruption successive de cet État,
montre que, de monarchie ou d'aristocratie qu'il était
dans sa perfection première, il devient timarchie,
puis oligarchie, puis démocratie, puis tyrannie; c'est-
à-dire que ce mot de démocratie représente l'État de
Socrate à son troisième degré de corruption, immé-
diatement avant la tyrannie, cette corruption dernière
et complète, cette ruine, cette mort de l'État. Vous
imaginez qu'à ce titre la démocratie n'est pas quelque
chose de fort aimable. Aussi faut-il voir de quels
charmants sarcasmes Socrate l'accable, cette pauvre
démocratie, quel portrait il nous fait de ce qu'il appelle si ingénieusement l'homme démocratique. C'est
délicieux de malice autant que c'est admirable de
pénétration.

« Le gouvernement devient démocratique, dit So-
» crate, lorsque les pauvres, ayant remporté la vic-
» toire sur les riches, massacrent les uns, chassent
» les autres, et partagent également avec ceux qui
» restent les charges et l'administration des affaires;
» partage qui, dans ce gouvernement, se règle d'or-
» dinaire par le sort. »

Le sort, mon oncle! comme l'idée de démocratie a marché depuis Platon, ou plutôt comme le mot a changé de sens!

« Quel agréable gouvernement! ajoute Socrate
» après avoir montré ce qu'il appelle ses avantages,
» gouvernement où personne n'est le maître, dont la
» variété est charmante, et où l'égalité règne entre
» les choses les plus inégales! »

Et l'homme démocratique, qu'en dira Socrate, après avoir si bien établi le rapport qu'il y a entre le caractère de la cité et le caractère du citoyen? C'est, selon Socrate, un homme dans l'âme duquel les désirs superflus l'ont emporté sur les désirs nécessaires, et dont l'esprit, vide de science et de maximes vraies, s'est rempli de jugements faux et présomptueux et d'opinions hasardées. « Il vit au jour le jour. Le pre-
» mier désir qui se présente est le premier satisfait.
» Aujourd'hui il fait ses délices de l'ivresse et des
» chansons bachiques; demain il jeûnera et ne boira
» que de l'eau. Tantôt il s'exerce au gymnase, tantôt
» il est oisif et n'a souci de rien. Quelquefois il est
» philosophe; le plus souvent il est homme d'État, il
» monte à la tribune, il parle et agit sans savoir ni ce
» qu'il dit ni ce qu'il fait. Un jour il porte envie à la

» condition des gens de guerre, et le voilà devenu
» guerrier; un autre jour il se jette dans le commerce.
» En un mot, il n'y a dans sa conduite rien de fixe,
» rien de réglé; il ne veut être gêné en rien, et il
» appelle la vie qu'il mène une vie libre, agréable,
» une vie de bienheureux. Son caractère, qui réunit
» en lui toutes sortes de mœurs et de caractères, a
» tout l'agrément et toute la variété de l'état popu-
» laire ¹. »

Voilà le portrait du démocrate, d'après Socrate.
Vous voyez, mon oncle, qu'il n'est pas flatté, et qu'en
l'admettant comme ressemblant, il n'y aurait guère
moyen d'aimer une société composée de sujets de
cette espèce. De ces démocrates-là, il y en a beaucoup
encore, mon oncle, beaucoup trop encore, malheureusement. Mais il faut espérer que, si nous avons
considérablement transformé la vieille démocratie,
nous saurons de même transformer les vieux démocrates. Quoi qu'il en soit, que la démocratie, telle
que la définit et la représente Platon, n'ait rien de
commun avec notre démocratie d'à présent, c'est un

---

¹ *République* de Platon, traduction de Grou. En beaucoup d'en-
droits, la traduction de Grou reste plus fine de ton que celle de
M. Cousin.

point sur lequel nous sommes encore d'accord; n'est-
il pas vrai, mon oncle?

— Assurément, mon ami.

— Non, cette démocratie que définit Platon, si
différente de celle qu'il laisse deviner, cette démocratie qui donne surtout l'idée du gouvernement aux
mains de la multitude, n'est pas la nôtre. Vous allez
voir, mon oncle, que la démocratie d'Aristote ne
fera guère mieux notre affaire.

Aristote, dans sa *Politique*, reconnaît trois sortes
de bons gouvernements : la monarchie, l'aristocratie
et la république. A chacun de ces gouvernements ré-
pond une corruption de gouvernement. C'est ainsi
qu'il oppose à la monarchie la tyrannie, à l'aristocratie l'oligarchie, et à la république la démocratie;
de façon, remarquez bien, que la démocratie, pour
Aristote, n'est que la corruption de cette forme
particulière de gouvernement qu'il nomme république.

Mais ce n'est pas assez vous faire sentir ce qu'il
entend par cette démocratie. Voulez-vous savoir en
quoi consiste la bonté ou la corruption de ses gouvernements? La bonté, c'est que l'objet du gouvernement soit l'intérêt de la cité, l'intérêt général; la cor-

ruption, que cet objet soit un intérêt moindre que celui de la cité, un intérêt partiel.

Ainsi, la monarchie, c'est le gouvernement aux mains d'un seul dans l'intérêt général; l'aristocratie, c'est, dans le vrai sens du mot, le gouvernement aux mains de quelques personnes de choix, aux mains des meilleurs, dans l'intérêt général; la république, c'est le gouvernement du peuple, du grand nombre, dans l'intérêt général.

Mais, si le gouvernement d'un seul tourne à l'utilité particulière du chef, à son intérêt personnel, il devient tyrannie; si le gouvernement de quelques-uns tourne à l'utilité particulière des riches, il devient oligarchie; et si le gouvernement du peuple enfin tourne à l'utilité particulière des pauvres, il devient démocratie.

Ainsi, vous l'entendez, mon oncle, la démocratie, c'est le gouvernement populaire s'éloignant de l'intérêt général pour tourner à l'intérêt particulier des pauvres; c'est donc, si considérable que soit cette classe, le gouvernement d'une classe particulière.

Je ne fais là qu'insister comme Aristote lui-même; car Aristote, craignant que sa définition n'ait pas encore assez bien établi cela, revient, dans une expli-

cation spéciale, sur ces mots d'oligarchie et de démocratie, et il répète aussi positivement que possible,
avec détail, et même en prenant des exemples assez
singuliers, que l'oligarchie est le gouvernement des
riches, et la démocratie celui des pauvres ou gens
peu fortunés. Il n'y a rien de plus formel [1].

Vous voyez, mon oncle, que cette démocratie d'A-
ristote ressemble fort à celle de Platon; qu'elle est
aussi un gouvernement, et le gouvernement de la
multitude; qu'elle implique aussi une division de la
cité en deux intérêts, en deux classes, les pauvres et
les riches; bien plus, en deux partis, en deux camps,
en vainqueurs et vaincus, et qu'elle signifie tout simplement la victoire des pauvres à l'état de fait plus
ou moins durable, de fait consacré.

Quelle différence, encore une fois, de cette démocratie avec celle que je vous définissais tout à l'heure,
qui donne, avant l'idée d'un gouvernement, celle d'un
état social fondé sur la communauté de droit et d'intérêt, et qui doit être l'unité par excellence !

Vainement aussi vous chercheriez chez ces maî-

[1] *Politique* d'Aristote, chap. III du livre IV, dans les éditions an-
térieures à celle de M. Barthélemy Saint-Hilaire, et du livre VI
dans cette dernière, dont les divisions me paraissent les plus rationnelles.

tres de l'antiquité l'importante distinction entre ce
qui est d'ordre social et ce qui est d'ordre politique.
Quand je dis vainement, je veux parler d'une distinction nette, précise, consacrée, quelque peu scien-
tifique; car, si elle est vraiment dans le fond des
choses, comment n'y en aurait-il pas trace chez
d'aussi grands penseurs? A coup sûr, Platon a dû
sentir qu'il y avait, en tant qu'être moral, quelque
chose comme la cité, la société, et quelque chose
comme l'agent de cette société, comme le gouvernement, et que l'un n'était pas l'autre, passait avant ou
après l'autre, et conséquemment qu'il fallait subordonner l'organisation de l'un à celle de l'autre. En
effet, il l'a senti partout pour le fond, et même il est
allé, ce Platon, dans ce même dialogue de la *République*, comme aussi dans celui des *Lois*, qui en est
une continuation, il est allé, dans beaucoup d'en-
droits, sans atteindre toutefois à la netteté de l'expression, à la précision des termes, à l'insistance de l'idée,
non-seulement jusqu'à indiquer cette même distinction, mais encore jusqu'à en faire sortir aussi la subordination forcée de l'ordre politique à l'ordre social.
Je ne résiste pas à l'occasion de vous citer un passage
de la *République*, fort court du reste, et qui ne sera

5.

pas de trop ici. C'est à la fin du quatrième livre, après que Socrate a fini de constituer son État, d'en établir les bases et d'en régler la hiérarchie, questions toutes sociales, sans s'être encore occupé du gouvernement qu'il lui donnerait. Alors Socrate aborde ce point, et, en quelques lignes seulement, d'une façon qui montre combien, à son idée, l'État une fois constitué dans ses classes et ses membres, la question de gouvernement ira de soi, il continue :

« Je dis d'abord que la forme de gouvernement » que nous venons d'exposer est une, mais qu'on » peut lui donner deux noms. Si un seul gouverne, » on appellera le gouvernement monarchie, et si » l'autorité est partagée entre plusieurs, on l'appel-» lera aristocratie. Je dis qu'il n'y a ici qu'une seule » forme de gouvernement; car, que le gouvernement » soit entre les mains d'un seul ou entre les mains » de plusieurs, on ne changera rien aux lois fonda-» mentales de l'État tant que les principes d'éduca-» tion que nous avons donnés seront en usage. »

Par ce passage, mon oncle, il est assez évident que Platon avait su voir les deux choses et leur rapport de subordination. Je pense que vous ne vous trompez pas aux mots, et que vous avez parfaitement distingué quels sens différents avait, à deux lignes de distance, le même mot gouvernement. Une première fois il exprime la forme de société; une seconde fois, dans son vrai sens, il exprime la forme de l'autorité, du commandement[1]; et remarquez combien, dans ce second sens, Socrate le fait moins important que dans le premier, auquel il revient avec les expressions de lois fondamentales, de principes d'éducation; mais remarquez aussi ce défaut de netteté, de précision, d'un esprit qui démêle seulement d'une première vue, puisqu'il n'a pas senti le besoin de recourir à deux mots, à une distinction formelle, pour exprimer deux choses aussi différentes.

Cette confusion dans le mot gouvernement, appliqué à deux notions si distinctes, elle persiste dans tout le traité de Platon. Rien de plus clair, de plus précis, ne se laisse voir jusqu'à la fin. Mais aussi Platon persiste dans ce qu'il a entrevu de distinct sous ce mot; et quand, plus tard, il nous fait l'éloquent tableau de la corruption successive de ce gouvernement parfait, qu'il a pris tant de peine à établir, c'est dans le même rapport d'importance qu'ils ont eu pour

___

[1] La double signification est exactement dans le texte grec comme dans le texte français.

la perfection de l'État que les deux ordres de choses participent à sa corruption ; et la décadence, ainsi que cela se devait, commence par une perturbation dans les lois fondamentales et les principes d'éducation, ce qui revient exactement ici à dire dans la constitution sociale.

Dans Aristote, la distinction se devine aussi parfois sous les mots, et surtout par la priorité qu'il donne à ce qui regarde la famille et la propriété ; mais il est arrivé moins encore que Platon à quelque chose de positif, de formel, et qui prête à d'importantes conséquences. L'endroit de sa *Politique* où se montre le mieux ce qu'il a pu sentir là-dessus, c'est au quatrième livre [1], quand il se demande à quoi peut tenir l'infinie diversité des gouvernements. Avec sa pénétration ordinaire, il n'hésite pas à dire que cette diversité des gouvernements tient à la diversité dans les parties intégrantes des différents États, à la grande variété des classes ou des intérêts collectifs, qui, dans chaque État, se disputent la prépondérance, et, selon les alternatives de la lutte, devenant tour à tour l'intérêt maître, veulent accommoder aussitôt le gouver-

---

[1] Le sixième dans l'édition de M. Barthélemy Saint-Hilaire.

nement chacun à ses exigences exclusives, et, de la
sorte, sentent le besoin de changer sa forme autant
de fois qu'ils parviennent à déplacer son objet dominant. Et comme, en définitive, toutes ces classes diverses, tous ces intérêts divers, peuvent toujours se
réduire à deux intérêts principaux, à deux classes
principales, à la vieille division des pauvres et des
riches, par laquelle jusqu'ici s'est toujours résumé
ce perpétuel antagonisme des intérêts, auquel se sont
usées les sociétés; et comme, du reste, les riches ont
toujours été le petit nombre et les pauvres le grand
nombre, il en résulte que, si toutes les variétés de
gouvernement peuvent se réduire à une large classification, à deux principales catégories, on devra, selon
Aristote, les distinguer en oligarchie et démocratie,
et rapporter tous les gouvernements, en plus ou en
moins, à l'une ou l'autre de ces dénominations. Voilà
donc aussi, dans Aristote, les deux choses, l'ordre
social et l'ordre politique, et l'ordre social dominant
l'ordre politique; mais les voilà aussi dans les mêmes
mots, sous les mêmes expressions, sans autre insistance non plus qu'une assez rapide observation : comment ne serait-ce pas une cause de confusion?

Remarquez que ce nouveau point de vue d'Aris-

tote, dans l'emploi des mots oligarchie et démocratie,
détruirait complétement, s'il y persistait, sa définition.
du bon gouvernement. Vous vous la rappelez: ce qui,
pour lui, distingue le bon gouvernement, quel qu'il
soit, c'est d'avoir pour objet l'intérêt général. Or, si,
d'après Aristote lui-même, il y a dans toute société
deux intérêts contraires, celui des riches et celui des
pauvres, dont la prépondérance alternative donne nécessairement lieu tantôt à une oligarchie, tantôt à
une démocratie, il n'y a jamais place pour un gouvernement d'intérêt général, et chacun de ses trois
excellents gouvernements est une utopie.

Que si Aristote pouvait répondre et se défendait de
cette conséquence, c'est qu'il reconnaîtrait qu'il peut
se faire un arrangement de la société, un règlement
de l'ordre social, d'où sorte un intérêt général, un intérêt commun à toutes les classes, par le moyen de
quelque principe de société applicable également à
toutes ces classes; et dès lors il reconnaîtrait aussi
qu'au lieu de deux grandes catégories de gouvernements, correspondant à deux grands intérêts distincts
dans l'ordre social, il n'y aurait plus, pour cet intérêt
vraiment général, unique dans l'ordre social, il n'y
aurait plus qu'une catégorie de gouvernements, sus-

ceptible encore de beaucoup de variétés sans doute, mais enfin qu'il n'y aurait plus que d'une sorte de gouvernements, que des gouvernements d'intérêt général.

Mais je crois qu'Aristote aimerait mieux reconnaître qu'il a défini des gouvernements chimériques, comme le remarque aussi Rousseau, s'il m'en souvient, dans une note du *Contrat social*, que de reconnaître cette possibilité d'un arrangement de la société, d'un règlement de l'ordre social, d'où résultât la disparition de tout antagonisme des intérêts collectifs, et, par l'unité dans le corps social, la généralité et l'unité d'objet dans le gouvernement. Et c'est ici que paraît bien la différence entre cet Aristote et le divin Platon. Aristote ne se préoccupe guère d'un mieux dans les choses humaines. Ce n'est pas un homme à rêver jamais un possible en dehors de l'existant. S'il porte l'œil perçant du génie dans l'examen des institutions que son époque ou l'histoire offrent à sa réflexion, s'il croit à une combinaison plus habile et meilleure des idées et des principes dont se formait de son temps la science politique, il ne croit guère à des idées nouvelles, à des principes nouveaux, à une influence de ces idées ou de ces principes capable de

transformer complétement les sociétés. Il s'accommo-
dera volontiers qu'il y ait toujours, dans toute cité,
deux classes opposées, deux intérêts ennemis, incon-
ciliables, pourvu que les habiles politiques sachent,
sur son conseil, insinuer entre eux, avec une classe
moyenne, un intérêt moyen plus considérable et plus
fort que chacun des deux autres, qui puisse ainsi les
empêcher de se joindre, d'en venir aux mains, de
troubler la cité du combat interminable de leurs prétentions respectives, et fasse de sa propre consistance la consistance même du gouvernement. C'est
cette fameuse théorie de la classe moyenne, si mal à
propos rappelée de nos jours au sujet de la bourgeoisie, puisque maintenant la puissance de la classe
moyenne n'est qu'une combinaison du principe politique de la capacité avec le principe social de l'égalité
civile, tandis qu'elle n'était pour Aristote qu'une façon
d'esquiver les difficultés d'une mauvaise constitution
sociale. Car, en fin de compte, si la grande affaire est
vraiment d'anéantir autant que possible les oppositions
d'intérêts collectifs au sein de la société, qu'est-ce que
cette prépondérance d'une classe moyenne, par laquelle, au lieu de la domination exclusive et toujours
disputée d'une classe sur deux dont se composerait

l'État, on n'arrive à rien de mieux qu'à la domination exclusive, mais plus résistante, il est vrai, d'une classe sur trois, c'est-à-dire, à une conciliation des deux classes extrêmes, qui n'est pas autre chose que leur annulation au profit d'une troisième classe? Il faut convenir que c'est une étrange façon de sortir d'embarras.

Pour moi, je vous l'avoue, mon oncle, j'aime mieux ce rêveur de Platon. Que lui font, à lui, les objections, les sarcasmes que les positifs chercheront contre lui dans les réalités qui l'entourent? L'existant n'est pas tout le bien, n'est pas non plus tout le possible; et Platon, lui, ne cesse de vouloir pour les hommes tout le bien possible. De la sorte au moins il peut en appeler à l'avenir, et il est certain que l'avenir donne souvent raison à ces songeurs. Platon a senti qu'il y aura guerre dans une société tant qu'il y aura dans cette société des oppositions de classes, des oppositions d'intérêts collectifs, et il veut que cette guerre finisse. Il comprend que cela ne se peut faire qu'au moyen d'un arrangement de la société, d'une combinaison de ses éléments, qui se prenne d'un principe également applicable à tous ses membres. Il cherche ce principe de tout

l'effort de son génie. Que chacun soit à sa place,
dit-il, et chacun sera bien, et le tout aussi sera bien.
C'est à cela qu'il fera tendre toutes les lois, toutes les
institutions, qu'il emploiera par-dessus tout le gouvernement. Ce besoin de l'unité sociale va l'emporter
trop loin sans doute. Il va lui sacrifier complétement
la personnalité humaine ; il va, pour elle, exiger jusqu'à l'absorption complète de l'individu dans la cité.
Voilà l'exagération ! Mais encore est-ce l'exagération
d'un sentiment auquel se sont toujours reconnus les
plus profonds politiques, du sentiment de l'unité, de
ce désir hardi d'amener un État à n'avoir plus qu'une
âme et qu'une pensée. Le temps vient corriger l'exagération, mais l'idée première reste ; cette idée qu'a
pu seul saisir l'esprit audacieux, elle reste comme
le signe du vrai philosophe, de l'homme dont la pensée a voulu être un bienfait pour la civilisation.
Qu'importe à un tel homme ce qui est, dès que la
puissance de son esprit vient à lui faire concevoir un
mieux ? Il ne pensera plus, il ne vivra plus que pour
ce mieux ! Il mourra même pour ce mieux ! Et c'est
de la sorte qu'on fait marcher le monde !

Mais avec toutes mes tirades de rebut pour une
cause à jamais gagnée, je ne vous demande pas,

mon oncle, si j'ai su vous rendre claires toutes ces explications, et si je ne vous deviens point ennuyeux?

— Ennuyeux! Peux-tu dire cela? Rien qu'à t'entendre, voilà que je me sens déjà tout endoctriné. Tout cela est fort nettement expliqué, et j'admire seulement que tu possèdes si bien ces difficiles matières. Continue, continue.

— Si je me suis bien fait comprendre, mon oncle, dans ce que je vous ai dit de ces théories grecques, je n'aurai pas à regretter d'avoir mis un peu de complaisance à les examiner. J'aime tant ces Grecs, je l'avoue, je goûte si fort leurs exquises façons de manier la pensée, qu'il m'est difficile de parler d'eux sans un peu m'abandonner. Pour ne pas trop perdre cet avantage d'être court, auquel je tiendrais tant, j'en viendrai tout d'un saut à nos grands publicistes français, à notre Aristote et à notre Platon. Vous devinez que je parle de Montesquieu et de Rousseau. Montesquieu en effet, comme Aristote, ne s'attache qu'aux principes de ce qui est; Rousseau, comme Platon, qu'aux principes de ce qui doit être; et vous verrez quelles différences de résultats vont encore produire ces différentes manières de considérer les choses.

Montesquieu reconnaît aussi, comme vous savez, trois sortes de gouvernements, sans admettre de dénominations particulières pour les désigner dans leur état de corruption. Ces trois gouvernements sont la république, la monarchie et le despotisme.

La république est elle-même susceptible de deux formes, la démocratie et l'aristocratie.

Voici maintenant la définition qu'il donne de la démocratie :

« Lorsque, dans la république, le peuple en corps » a la souveraine puissance, c'est une démocratie . »

Et il ajoute une ligne plus bas :

« Le peuple, dans la démocratie, est à certains » égards le monarque; à certains autres, il est le sujet.»

Le peuple est le monarque, rien n'est plus formel. Or, vous savez tout ce que met Montesquieu dans le monarque de pouvoirs différents.

Il est impossible de donner au mot *démocratie* un sens plus politique. Il dit plus que république; il dit république aux mains du peuple, pouvoirs de toutes sortes aux mains du peuple. L'idée de démocratie, comme vous voyez, n'a pas fait un pas depuis les

---

[1] *Esprit des Lois*, livre II, chapitre II.

anciens jusqu'à Montesquieu. C'est celle de royauté qui a marché en passant par Auguste, Charlemagne, Louis XI, Henri IV, Richelieu et Louis XIV. Mais je ne m'occupe pas ici de la royauté. Pendant qu'elle devenait une grande institution, constatons que la démocratie restait le gouvernement de la multitude.

Apercevez-vous déjà, mon oncle, à présent qu'un si étrange prestige s'attache à ce mot de *démocratie*, quel intérêt auraient les républicains à le maintenir, en dépit de toutes les idées modernes, dans cette ancienne signification qui confond la notion de démocratie avec celle de république? C'est que tout ce qu'ils peuvent conserver au mot de cette signification leur rapporte une part correspondante des sympathies immenses que le mot seul soulève aujourd'hui. Oh! c'est beaucoup, mon oncle, d'avoir pour soi un si puissant mot! Cela vaut bien des soldats et bien des canons! Aussi, que les républicains se crient par-dessus les toits les démocrates par excellence, les uniques démocrates, c'est ce dont je ne saurais les trouver maladroits, et ils font leur métier de brouiller ainsi les idées. Moi, je crois que c'est faire métier de conservateur et de vrai démocrate que de les éclair-cir. Mais ce n'est pas encore le moment de vous tirer

des conséquences pratiques. Revenons à Montesquieu.
C'est ici que je vais vous bien faire sentir, par opposition, l'importance d'une distinction entre l'ordre
social et l'ordre politique. Jugez-en par les erreurs
dans lesquelles, pour l'avoir méconnue, a pu tomber
un Montesquieu lui-même.

Après avoir défini ses gouvernements, Montesquieu, se renfermant tout entier dans cette notion de
gouvernement, ne fait de distinction dominante
qu'entre ce qu'il appelle la *nature* et ce qu'il appelle
le *principe* du gouvernement, et il rapporte tout,
que dis-je? il subordonne tout, absolument tout, à
cette nature ou à ce principe. En termes plus resserrés
encore, la chose suprême dans la société, la chose de
laquelle doit dépendre tout le reste, c'est le gouvernement. En conséquence, voulez-vous faire une loi
sur la famille, sur la propriété, sur les successions,
sur tous ces objets qui intéressent si souverainement
la personnalité humaine? jetez les yeux sur le gouvernement. Votre loi sera bonne si elle est conforme
à la nature ou au principe du gouvernement, ·mau-
vaise si elle y est contraire. Ainsi, dans les choses
qui intéressent le plus la personnalité humaine, il
pourrait arriver que telle loi, bonne dans une répu-

blique, fût plus ou moins bonne selon que la république serait aristocratie ou démocratie, et fût détestable dans une monarchie! Concevez—vous cette loi sur la propriété, sur les successions, dépendant du gouvernement, devenant bonne ou mauvaise selon l'espèce du gouvernement? Cela vous paraît monstrueux, à vous, jurisconsulte du dix-neuvième siècle, qui avez lu les grandes discussions de la Constituante ou du Conseil-d'État de Napoléon? Vous sacrifieriez tous les gouvernements du monde à une bonne loi sur la propriété ou les successions, n'est-ce pas? Rien ne paraît plus naturel à Montesquieu que de sacrifier au gouvernement tous vos principes éternels de droit, de liberté, d'égalité. Que sont toutes ces futiles abstractions à côté de la nature ou du principe du gouvernement? Si vous voulez des preuves, écoutez ces quelques passages des chapitres où Montesquieu montre comment les lois seront relatives au principe de la démocratie :

« Quelques législateurs anciens, comme Lycurgue et Romulus, partagèrent également les terres. Cela ne pouvait avoir lieu que dans la fondation d'une république nouvelle, ou bien lorsque l'ancienne était si corrompue, et les esprits dans une telle disposition, que les pauvres se croyaient obligés de chercher, et les riches obligés de souffrir un pareil remède.

» Si lorsque le législateur fait un pareil partage, il ne donne pas des lois pour le maintenir, il ne fait qu'une constitution passagère : l'inégalité entrera par le côté que les lois n'auront pas défendu, et la république sera perdue.

» Il faut donc que l'on règle, dans cet objet, les dots des femmes, les donations, les successions, les testaments, enfin toutes les manières de contracter. Car, s'il était permis de donner son bien à qui on voudrait, et comme on voudrait, chaque volonté particulière troublerait la disposition de la loi fondamentale.....

» ..... C'était une bonne loi pour la démocratie que celle qui défendait d'avoir deux hérédités. Elle prenait son origine du partage égal des terres et des portions données à chaque citoyen. La loi n'avait pas voulu qu'un seul homme eût plusieurs portions...

» ..... Pour maintenir le partage des terres dans la démocratie, c'était une bonne loi que celle qui voulait qu'un père qui avait plusieurs enfants en choisît un pour succéder à sa portion, et donnât les autres en adoption à quelqu'un qui n'eût point d'enfants, afin que le nombre des citoyens pût toujours se maintenir égal à celui des partages......

» ...... Il ne suffit pas, dans une bonne démocratie, que les portions de terre soient égales ; il faut qu'elles soient petites , comme chez les Romains ¹... etc. »

Vous voyez, mon oncle, que Montesquieu se serait fait volontiers *égalitaire* dans une démocratie, en l'honneur du principe de gouvernement. Mais, en revanche, écoutez ces autres passages du chapitre où il montre comment les lois sont relatives au principe de la monarchie :

« Il faut que les lois travaillent, dans ce gouvernement, à soutenir cette noblesse, dont l'honneur est, pour ainsi dire, l'enfant et le père....

» .... Les substitutions, qui conservent les biens dans les familles , seront très-utiles dans ce gouvernement, quoiqu'elles ne conviennent pas dans les autres.

» Le retrait lignager rendra aux familles nobles les terres que la prodigalité d'un parent aura aliénées.

» Les terres nobles auront des priviléges, comme les personnes. On ne peut pas séparer la dignité du

¹ *Esprit des Lois*, livre V, chapitres v et vi.

6.

monarque de celle du royaume; on ne peut guère
séparer non plus la dignité du noble de celle de son
fief.

» Toutes ces prérogatives seront particulières à la
noblesse, et ne passeront point au peuple, si l'on ne
veut choquer le principe du gouvernement, si l'on
ne veut diminuer la force de la noblesse et celle du
peuple.....

» .... On peut, dans les monarchies, permettre
de laisser la plus grande partie de ses biens à un seul
de ses enfants : cette permission n'est même bonne
que là ¹... etc. »

Vous voyez, mon oncle, que, dans une monarchie, Montesquieu serait le plus intraitable des aris-
tocrates.

Eh bien, sentez-vous à présent, par ce qui arrive
où elle manque, l'importance d'une distinction entre
ce qui est d'ordre social et ce qui est d'ordre politique, et de ce rapport de subordination de l'ordre
politique à l'ordre social que nous en avons fait sortir?
Vous voyez où cela mène Montesquieu de n'avoir su
rien en démêler. Sans doute il avait cru, comme
Aristote, qu'à s'en tenir à ces formes politiques dont

---

¹ *Esprit des Lois*, livre V, chapitre IX.

il voyait partout la réalité dans l'histoire, il éviterait
les mécomptes de la spéculation, et laisserait un de
ces ouvrages solides, dans lesquels les politiques
vont pendant des siècles chercher des règles et des
conseils; et voilà que, malgré les mille vérités, les
mille aperçus pleins de conséquences qu'iront toujours y chercher ces politiques, il a fallu moins d'un
siècle pour en rendre les théories les plus importantes
complétement inapplicables; que dis-je? un siècle? Il
a fallu quelques années seulement pour qu'un autre
publiciste, d'un génie autrement original et péné-
trant, dans son investigation moins vaste, pour que
Rousseau, s'il faut le nommer, vînt signaler ainsi,
dans un reproche à l'auteur, le vice irrémédiable de
l'*Esprit des Lois :*

« Faute d'avoir fait les distinctions nécessaires, ce
» beau génie a manqué souvent de justesse, quelque-
» fois de clarté, et n'a pas vu que l'autorité souve-
» raine étant partout la même, le même principe doit
» avoir lieu dans tout État bien constitué; plus ou
» moins, il est vrai, selon la forme du gouverne-
» ment [1]. »

Ce n'est pas que Rousseau, en parlant de la sorte,

[1] *Contrat social*, livre III, chapitre IV.

ait fait dans ses véritables termes la distinction de l'ordre social et de l'ordre politique, qu'avait méconnue Montesquieu. Rousseau n'en est pas encore là lui-même; il ne fait qu'en approcher. Il reproche seulement à Montesquieu d'avoir méconnu la distinction du souverain et du gouvernement. Mais vous allez comprendre comment, cette dernière mettant sur la voie de l'autre et la supposant en quelque façon, en objectant le moins il objecte le plus. Voici la théorie de Rousseau.

Avant de distinguer entre le souverain et le gouvernement, Rousseau distingue entre le corps politique, d'une part, ou la cité, ou, comme nous dirions à présent, la société, à laquelle seule il reconnaît, en vertu d'un droit inaliénable, le pouvoir de faire la loi, et qui, considérée comme active, comme faisant la loi par l'expression de la volonté générale, prend le nom de souverain; et, d'autre part, cette même cité, cette même société, considérée comme passive, comme soumise à la loi, et qui prend alors le nom d'État. Ainsi l'État ou le souverain, c'est également la cité, la société, mais considérée sous un double aspect. Dans tout cela, rien encore du gouvernement. Mais entre l'État et le souverain, il se fait une relation, une communication nécessaire, comme entre la volonté et le mouvement par le moyen des organes ; et le moyen de cette communication, l'organe par lequel la volonté du souverain agit sur l'État, voilà le gouvernement.

Voulez-vous, du reste, que je vous donne, sur la notion de gouvernement, les paroles mêmes de Rousseau ?

« Il faut, dit-il après avoir établi ce que je viens de vous résumer, il faut donc à la force publique un agent propre, qui la réunisse et la mette en œuvre selon les directions de la volonté générale, qui serve à la communication de l'État et du souverain, qui fasse en quelque sorte dans la personne publique ce que fait dans l'homme l'union de l'âme et du corps. Voilà quelle est, dans l'État, la raison du gouvernement, confondu mal à propos avec le souverain, dont il n'est que le ministre.

» Qu'est-ce donc que le gouvernement? Un corps intermédiaire établi entre les sujets et le souverain pour leur mutuelle correspondance, chargé de l'exécution des lois, et du maintien de la liberté tant civile que politique [1]. »

[1] *Contrat social*, livre III, chapitre I.

Il résulte de là, comme vous voyez, et c'est une conséquence sur laquelle Rousseau insiste beaucoup, que, si le gouvernement a pouvoir sur la société considérée comme État, sur ses membres considérés comme sujets, il n'est plus que l'agent, le ministre de cette société considérée comme souverain, et qu'alors il dépend entièrement d'elle.

Mais vous apercevez bien, mon oncle, qu'il ne s'agit pas encore là d'une subordination de l'ordre politique tout entier aux principes constitutifs de la société, à ce que nous appelons l'ordre social. Ce n'est pas autre chose qu'une division des pouvoirs législatif et exécutif, et Rousseau le dit assez lui-même. Tout cela se passe dans l'ordre politique, n'a d'objet que l'organisation politique. Seulement, au lieu de comprendre comme les autres publicistes, comme Montesquieu, par exemple, l'ensemble des institutions politiques ou des pouvoirs divers dans la notion de gouvernement, il n'y comprend plus absolument que le pouvoir exécutif. La chose n'a d'importance que pour la clarté, et encore cela n'a-t-il point prévalu, et employons-nous toujours ce mot de gouvernement aussi souvent pour désigner l'ensemble des institutions politiques que dans le sens spécial de

pouvoir exécutif. Si donc il n'y avait que cette théorie
dans le *Contrat social*, nous devrions dire de Rousseau, comme de Montesquieu, qu'il n'a su voir de
principal, de dominant dans la société, que l'organisation politique, que l'ordre politique ; que lui
aussi, par un renversement étrange du rapport,
avant la société servant d'objet à la loi, formant, si
je puis ainsi dire, la matière même de la loi, il con-
sidère la société faisant la loi, et met de la sorte le
moyen au-dessus du but ; qu'à la vérité il introduit
dans l'ordre politique un principe de nature à tout y
transformer, en faisant du pouvoir législatif un droit
inaliénable de la société prise en masse ; mais qu'en
définitive il ne s'agit encore là pour elle que d'un
procédé pour faire la loi ou pour en assurer l'exécution, et non de cet arrangement des intérêts, de ce
classement des activités, de ce règlement des conditions sociales, où elle prenne sa forme et son caractère de société servant d'objet à la loi, avant de se
déterminer en tant que faisant la loi, où se puise en
conséquence la raison première de toute loi, et qui,
supérieur ainsi à la loi elle-même, constitue le principe de ce que nous appelons l'ordre social. Mais il n'y
a pas que cette théorie d'organisation politique dans

Rousseau, et vous allez bien comprendre, mon oncle, comment j'ai pu vous dire qu'il avait fait un pas immense sur Montesquieu.

Si Rousseau tient tant à sa théorie du souverain, et au rapport de subordination qu'il établit entre le souverain et le gouvernement, c'est qu'il pense que ce principe d'organisation politique est le seul moyen d'assurer l'égalité civile et la liberté, en assurant dans la loi ce qu'il appelle l'universalité de son objet. Il veut que la loi s'applique à tous, songe à tous, soit faite pour tous, sans distinction, et c'est pour cela qu'il veut qu'elle soit faite par tous. Sans cette participation de tous à la législation, il ne croit pas que la loi puisse garder son caractère d'universalité, être également soigneuse des intérêts de tous, et c'est sur cela qu'on peut contester ; mais ce ne serait contester que sur le moyen, et ce que Rousseau veut par ce moyen, ce qui fait pour lui l'importance suprême de sa théorie du souverain, c'est ce grand résultat de l'universalité d'objet dans la loi, ou de l'égalité civile, sur quoi il n'y a guère à contester. Or, il faut bien dire que cette manière de tout rapporter au droit commun n'est pas autre chose que subordonner la question de gouvernement à la question d'ordre social, et cela seul dégageait prodigieusement la politique de la routine où l'avait maintenue Montesquieu.

Quant à la démocratie, Rousseau lui laisse le sens des vieilles définitions, et n'y voit que la désignation d'une de ses trois formes de gouvernement. Vous savez que pour lui, le souverain restant le même dans toute société possible et sous un gouvernement quelconque, dans le sens des explications que je viens de donner, il y a trois sortes de gouvernements : la démocratie, l'aristocratie et la monarchie. Voici la définition qu'il donne de la démocratie :

« Le souverain peut commettre le dépôt du gou-
» vernement à tout le peuple ou à la plus grande
» partie du peuple, en sorte qu'il y ait plus de citoyens
» magistrats que de citoyens simples particuliers. On
» donne à cette forme de gouvernement le nom de
» *démocratie* [1]. »

Il n'y a là, comme vous voyez, rien de nouveau. La démocratie est une république, c'est le gouvernement de la multitude, absolument comme dans les définitions que je vous ai déjà citées. Ainsi, chose singulière! chez l'auteur qu'on regarde aujourd'hui comme le plus démocratique, l'idée de démocratie

---

[1] *Contrat social*, livre III, chapitre III.

n'est pas même liée à celle de suffrage universel,
puisque, selon lui, le souverain devrait être constitué et le suffrage universel avoir lieu avec l'aristocratie ou la monarchie comme avec la démocratie.
Cela montre bien ce que le temps et les révolutions
peuvent faire d'un mot politique.

C'est la révolution française en effet qui a donné à
ce mot de démocratie cette signification puissante,
quoiqu'un peu vague, qu'il a aujourd'hui; et c'est
pour paraître lié d'une façon quelconque, mais indu-
bitable, à cette grande transformation sociale, qu'il
est entouré de ce prestige dont chaque parti voudrait
réserver le bénéfice à ses seules opinions.

Il n'y a plus à établir maintenant que la grandeur
de notre révolution consista surtout en ce qu'elle fut
précisément la conspiration de tout un peuple pour
relever la dignité d'homme, rasseoir l'ordre social
sur le principe même de la justice, et restreindre le
gouvernement à n'être plus que l'expression rationnelle de la société ainsi renouvelée. A présent que
cette vaste rénovation a pris les dimensions de l'histoire, c'en est le caractère éclatant et immortel. Ce
que voulut avant tout la révolution, ce fut donc de
mettre le droit commun, l'égalité civile, le seul titre.

d'homme et de citoyen, à la place de tous ces priviléges, de toutes ces iniquités, de tous ces titres fas-
tueux, qui déprimaient depuis tant de siècles ce
tiers-état où était la véritable nation. Voilà le résultat
qui lui parut valoir qu'elle refît de fond en comble les
institutions politiques de la France. Tout cela ne s'accomplit pas sans de terribles luttes, sans un choc
effroyable de passions, sans de fréquentes réactions,
sans une prodigieuse confusion d'idées et de principes. Vous pouvez penser ce que devinrent, dans un
tel bouleversement, les notions et les dénominations
de la politique. Vous savez d'ailleurs comment ce ne
fut qu'en 1830 que la révolution gagna sa dernière
bataille, et vous comprenez ce qu'il doit y avoir
encore de confusion dans les idées et dans les mots.

Eh bien, mon oncle, c'est au milieu de ce désordre
de toutes les doctrines que le mot démocratie a fait
fortune, qu'il a changé de sens, qu'il s'est élargi,
et qu'il en est venu à résumer en quelque sorte tous
les grands principes de la révolution française; et
voici comment.

Sans beaucoup parler de démocratie, sans donner
même à croire, à en juger par les grandes discussions
de la Constituante et des assemblées postérieures,

qu'elle entendît faire de la démocratie, la révolution avait renversé la noblesse et les priviléges, fondé le nouvel ordre social sur le principe d'égalité civile et de droit commun, et conformé les nouvelles institutions politiques à ce principe social. Mais il s'est trouvé que les passions du temps, en dépit de la science et par un juste instinct, avaient infligé à l'ancien ordre de choses le nom d'aristocratie, et qu'elles l'avaient attaqué et renversé sous ce nom. Il a semblé dès lors, non sans raison, qu'un ordre social élevé sur les ruines de l'aristocratie, consacrait le principe regardé jusque-là comme le contraire de l'aristocratie; qu'en réglant par le droit commun et l'égalité la condition civile des personnes, il donnait satisfaction aux premiers intérêts du peuple et fondait en réalité sa domination, et qu'il devait par opposition s'appeler la démocratie. De là l'idée de démocratie liée à l'idée même de la révolution.

Mais, par l'effet des vieilles définitions et des habitudes de la science politique, que la révolution n'avait pu renouveler aussi vite que la société, l'idée de démocratie est restée liée à l'idée de gouvernement de la multitude, ou de suffrage universel, d'une part, et, d'autre part, à l'idée de pouvoir électif ou de

république ; et il a semblé que le droit commun,
l'égalité civile, et les libertés qui en résultent, ne
pouvaient aller sans la multitude et sans les républicains.

Voilà, mon oncle, la raison de ce qu'il y a de confus encore dans la notion actuelle de démocratie.

Il s'agit maintenant de savoir jusqu'à quel point il
y a connexité entre les grands principes d'ordre social
proclamés par la révolution française, et consacrés
par nos lois civiles, et les principes d'ordre politique
que les publicistes de l'école républicaine ne craignent
pas de prendre à la science d'avant la révolution.

Déjà M. Guizot, mon oncle, qui, ne vous déplaise,
est le plus grand publiciste de notre temps, a remarqué cette tentative de s'emparer du mot *démocratie*
par le moyen de cette connexité, et il a parfaitement
compris l'importance qu'il y avait à ne pas laisser le
prestige de ce mot, avec le bénéfice de cette confusion d'idées, aux partis anarchiques. Dès 1837,
dans un article de la *Revue française* sur la *démocratie moderne*, il exprimait l'opinion que la notion
moderne de démocratie, dans son sens le plus important et le plus conforme aux principes sociaux de la
révolution, n'était nullement liée à l'idée de souve-

raineté du nombre ou de suffrage universel. Quelques années après, dans sa belle introduction à la vie de Washington, il revint là - dessus en termes encore plus explicites, bien que sans sortir des généralités ; et dans son discours sur la loi de régence, un peu plus tard, il déclara très-formellement que la démocratie moderne ne lui paraissait nullement incompatible avec la royauté, mais sans faire autre chose encore qu'indiquer son opinion et ses raisons. Fort de ces indications de M. Guizot, je vais essayer de vous exposer mes idées sur ces importantes questions.

Je fais comme M. Guizot, mon oncle. Comme lui, et à l'abri de sa grande autorité, je prends ce qu'il y a d'essentiel, de capital dans l'idée moderne de démocratie ; je fais surtout consister la démocratie dans le droit commun, dans l'égalité civile, dans le développement successif de cette idée de justice, introduite par la révolution dans les institutions constitutives de l'ordre social : c'est la définition sur laquelle nous avons été d'accord ; et, revenant aux applications que j'en ai sommairement indiquées, je prétends prouver :

Premièrement, que la démocratie, en tant qu'exprimant le principe social de la France actuelle,

n'implique nullement, dans l'ordre politique, la souveraineté du nombre, le suffrage universel;

Secondement, que la démocratie, toujours dans
le même sens, n'implique nullement la république
comme forme de gouvernement, ou n'exclut nullement la royauté. Bien plus, je prétends prouver que,
plus on veut la démocratie dans la société, plus on
doit vouloir la royauté dans le gouvernement.

— Bravo! Paul, bravo! Voilà ce qui s'appelle
poser nettement une question! Oh! si tu prouves
cela, je reconnais que ce sera un grand point de
gagné pour ta thèse, et j'en prévois dès maintenant
d'importantes conséquences. Continue, continue.....

V.

En m'accordant votre approbation, mon oncle,
pour la manière dont je viens de poser la question
de gouvernement, remarquez bien ce qu'il y a d'essentiellement démocratique dans le fait seul de la
poser ainsi. Vous avez vu que, mettant complétement
la démocratie hors de cause, que l'acceptant définitivement comme principe constitutif de l'ordre social, je ne me propose plus que d'en chercher les
conséquences dans l'ordre politique; et cela signifie
assez que les institutions politiques ne me paraîtront
rationnelles que par leur conformité avec ce principe.
Voilà bien l'application de cette distinction et de ce

rapport de priorité entre l'ordre social et l'ordre politique qu'implique la notion moderne de démocratie ; et ce n'est pas le moindre bienfait de la révolution d'avoir tellement réformé la société que désormais, pour être conforme aux faits, la science constitutionnelle dût être conforme à l'idée même de civilisation.

Mais laissez-moi constater, d'autre part, selon ce que vous venez si bien d'entrevoir, combien, si désormais la démocratie se rattache à l'idée même de civilisation, et si déjà les intérêts fondés par elle dominent dans la société française, combien ce serait faire dans le sens de la politique conservatrice que d'établir la compatibilité de notre constitution avec la démocratie, puisque ce serait ajouter, dans les doctrines de gouvernement, la puissance des idées à la consistance des intérêts.

Cela bien entendu, mon oncle, j'aborderai tout droit la question, et je vous demanderai ce qu'il faut pour que les institutions politiques soient démocratiques ?

— Il faudrait, ce me semble, qu'elles eussent pour effet de développer de plus en plus la démocratie dans l'ordre social.

7.

— Très-bien, mon oncle. Je vois que vous com-
mencez à saisir ma pensée. C'est par leurs effets dans
l'ordre social que les institutions politiques seront
démocratiques. Il faut donc, pour être démocratiques, que nos institutions politiques aient pour effets
d'étendre de plus en plus dans la société le bénéfice
de l'égalité civile, d'appliquer de plus en plus la justice au classement et à l'emploi des forces et des activités individuelles, au règlement des rapports sociaux entre les personnes et les classes; car il ne
suffit pas, pour être réalisé, qu'un droit soit dans la
loi, et cela reste encore une grande tâche de faire
produire à des principes, même consacrés par la législation, toutes les conséquences dont ils sont sus-
ceptibles pour le progrès de la société; une grande
tâche même de démêler seulement ces conséquences
possibles; et cela veut encore des pouvoirs qui en ont
la charge beaucoup de grandes pensées et de fortes
volontés. Mais, difficile ou non, il faut que l'œuvre
du gouvernement s'accomplisse; et maintenant il faut
qu'elle s'accomplisse dans le sens de la démocratie;
il faut que les institutions politiques aient pour effet
de développer de plus en plus la démocratie dans
l'ordre social. Toutefois, s'il faut cela, évidemment

il ne faut que cela : je veux dire que tout ce qui, sans nuire à ce résultat, sera de nature à élever et à fortifier le pouvoir, à mettre l'esprit d'ordre et de suite dans le gouvernement, pourra trouver place dans les institutions sans en changer le caractère démocratique ?

— Sans doute.

— Et, par exemple, il suffira, pour que le pouvoir législatif soit constitué démocratiquement, qu'il soit constitué de façon à garantir l'esprit démocratique de la loi ?

— Assurément.

— Et, pour que le pouvoir exécutif soit constitué démocratiquement, qu'il soit constitué de façon à garantir l'esprit démocratique de l'administration ?

— Assurément encore.

— Eh bien ! pour parler d'abord du pouvoir législatif, qui est le plus important, il s'agit de savoir s'il n'y a pas moyen d'assurer dans la loi la domination de l'esprit démocratique, ou, comme dit Rousseau, l'universalité d'objet sans le suffrage universel. Il s'agit de savoir, en d'autres termes, s'il n'y a pas moyen d'assurer dans la loi la prise en considération de l'intérêt de tous, sans la faire résulter de la volonté de tous.

— Voilà une grande question !

— Je le sais, mon oncle. C'est l'éternelle question de la souveraineté, et vous voyez que je ne l'élude pas. Je voudrais cependant bien que nous ne reprissions pas là-dessus toutes ces stériles dissertations auxquelles a donné lieu la doctrine de Rousseau. Évidemment la question n'est plus de savoir s'il aurait fallu, à l'origine des sociétés, débattre en je ne sais quels termes, dans des assemblées générales convoquées par je ne sais qui, les clauses d'un contrat social dont la rédaction embarrasserait encore aujourd'hui nos grands philosophes ; ni s'il faut reprendre maintenant le débat omis dans le principe, pour examiner s'il ne conviendrait pas de déclarer dissoutes ces sociétés comme la France, l'Angleterre, la Russie, etc., qui ont eu la négligence de s'établir sans une discussion préalable entre tous les associés des conditions de l'association. La question n'est pas non plus de savoir s'il y a vraiment, derrière toute souveraineté constituée, une souveraineté du peuple, indéfinissable autant qu'inaliénable, qui lui donne le droit de faire des révolutions à discré-

tion ; comme s'il était besoin de cette théorie pour
autoriser un peuple à repousser l'oppression, un intérêt organisé à vouloir sa part dans la législation et
le gouvernement ! et comme si une théorie quelconque pouvait légitimer les caprices anarchiques de la
multitude et les prétentions excessives de chaque intérêt ! Je ne conçois guère mieux, mon oncle, qu'on
discute la question des droits politiques en eux-mêmes, qu'on examine d'une façon absolue si la participation à la souveraineté doit tenir à la seule qualité
d'homme, à la seule qualité de citoyen, à la seule
qualité de personne soumise à la loi ; s'il faut conséquemment admettre à la souveraineté les femmes et
les enfants, et autres propositions encore plus em-
barrassantes. La question des droits politiques me
paraît inséparable de l'objet actuel auquel ils doivent
s'appliquer, des faits et des besoins que doit régler
et satisfaire la législation, pour un avenir indiqué
par le présent, dans le sens de la civilisation générale. Ainsi, au lieu de rechercher si les origines sociales ont été conformes aux principes d'une science
avancée, je voudrais qu'on cherchât à la science actuelle, dans la société telle que nous la connaissons,
telle que l'a façonnée l'histoire, telle que peuvent la

transformer sans cesse la pensée et la volonté de chaque siècle, des applications successives qui parvinssent à corriger les faits, à redresser les erreurs séculaires, à remplacer de plus en plus la force par la justice; et, au lieu de discourir sur l'usage révolutionnaire de la souveraineté, je voudrais qu'on se contentât d'en régler l'usage normal de façon à faire prévaloir dans la législation le principe démocratique, à y garantir la prise en considération de l'intérêt de tous, à en exclure toute influence qui porterait atteinte au droit commun au profit d'un intérêt exceptionnel; et, quant à la répartition des droits politiques, je voudrais qu'on tînt pour la meilleure celle qui peut le mieux conduire à ce résultat. Si c'était le suffrage universel, il faudrait vouloir le suffrage universel; si ce n'est pas le suffrage universel, il faut dédaigner le suffrage universel. Ç'a été l'erreur de Rousseau de confondre, dans la souveraineté, l'absolu avec le relatif, et, après avoir si bien vu que le but devait être partout le même, d'avoir voulu que le moyen aussi fût partout le même. Il pouvait dire, et c'était un grand point en face de Montesquieu, qui venait de confondre toutes les idées sur ce sujet; Rousseau pouvait dire que la souveraineté devait

reposer partout sur le même principe, qu'elle devait
avoir partout pour but d'assurer l'universalité d'objet
et de sollicitude dans la législation ; mais de là à dire
qu'elle devait se personnifier partout de la même manière, il y avait une grande différence ; il y avait, je
le répète, la différence de l'absolu au relatif, qu'on
ne méconnaît jamais impunément. Au lieu d'être le
promoteur de la démocratie, Rousseau a été le promoteur de la démagogie, et c'est le côté reprochable
de ce grand esprit.

— Tu dis-là des choses très-justes, et j'aime cette
manière pratique d'entendre le progrès.

— Eh ! mon oncle, c'est qu'en vérité c'est la seule
manière de l'entendre raisonnablement ! Si la notion
de progrès est vraie, comme je le crois fermement ;
s'il est vrai que tout principe faux produise des faits
oppressifs, qui mettent à la longue aux mains des
opprimés l'arme invincible de la vérité ; s'il est vrai
qu'un intérêt de minorité ne puisse prévaloir chez
un peuple que pour liguer avec le temps contre lui
tous les intérêts qu'il froisse, et constituer ainsi l'intérêt général ; s'il est vrai enfin qu'il y ait au cœur
de l'homme cet impérissable désir d'un mieux, qui
impose à chaque génération la tâche de chercher et

de réaliser ce mieux, il faut, mon oncle, il faut que cela soit vrai pour le présent et l'avenir aux mêmes conditions que pour le passé; et, comme l'idée de progrès rend impossible de supposer, à l'origine des sociétés, les principes de justice que le travail des siècles a fait sortir de l'histoire, elle doit rendre impossible de prétendre dès aujourd'hui, dans les affaires humaines, à cet absolu qui laisserait sans objet après nous l'effort des générations successives. Et vraiment, telle est la valeur de cette idée bien comprise de progrès, qu'elle peut être à la fois une protestation contre les faits accomplis, quand ils deviennent oppressifs, et contre les demandes de réformes, quand elles sont prématurées. Qu'importe en effet que les faits aient eu la priorité sur les idées, si les idées viennent pour redresser les faits? qu'importe aux principes vrais que le passé les ait méconnus, s'ils viennent pour condamner le passé? Eh! c'est précisément parce qu'elles ont commencé par la violence et l'oppression que les sociétés ont à finir par la justice et la liberté! Mais, dans cette lutte éternelle des idées contre les désordres et les iniquités que l'histoire lègue à l'avenir, sachons attendre l'opportunité! A chaque siècle son œuvre. Faisons le travail d'aujourd'hui si nous voulons faciliter celui de demain ; mais ne faisons que demain ce qui demain sera mieux fait. Malheur à ceux qui veulent usurper sur le temps ! le temps se retourne contre eux, et leurs œuvres, mal entreprises, n'aboutissent jamais.

— Très-bien, Paul ! voilà de nobles paroles ! Mais tout cela veut dire, en définitive, qu'il faudrait marcher, et je ne vois pas que le gouvernement...

— Patience, mon oncle, patience ! nous arriverons dans un instant à la question d'actualité. Vous pouvez être tranquille. Je ne veux pas moins que vous que le gouvernement marche, qu'il marche avec le siècle, avec ses idées, avec ses principes ; et même, pour vous mieux rassurer encore, je vous dirai que, selon moi, non-seulement le gouvernement doit marcher avec le siècle, mais qu'il doit prendre les devants sur le siècle, et que c'est à lui d'avoir assez de prévoyance, d'habileté et d'énergie pour assurer à l'avenir le bien en germe dans le présent ; et non-seulement c'est là son devoir, mais c'est là sa légitimité, et je déclare que si... Mais ce n'est pas le moment de faire de ces suppositions. Qu'il soit convenu entre nous, si c'est un moyen de revenir à l'ordre de notre discussion, que rien désormais en France ne saurait être admis dans la constitution que dans le sens de l'idée de progrès et de démocratie.

Est-il nécessaire, demandais-je avant cette digression, que la souveraineté, pour être constituée démocratiquement, soit basée sur le suffrage universel? Et je prétendais établir que non.

Cherchons donc s'il n'y aurait pas moyen de concevoir, sans le suffrage universel, que la chambre des Députés, la chambre des Pairs et la royauté formassent ensemble une souveraineté démocratique. Rappelez-vous, mon oncle, que cela revient à chercher s'il n'y aurait pas moyen d'obtenir, avec cette composition de la souveraineté, la réalisation successive du principe démocratique dans l'ordre social.

— Ah! ah! voici que tu serres la difficulté. C'est ici que je t'attends. On est assez volontiers d'accord sur les généralités; mais sur le chapitre des applications, c'est une autre affaire. Je serai curieux des objections que tu trouveras à la nécessité d'une réforme électorale...

— Il ne s'agit pas pour le moment de la réforme électorale. Je dois d'abord examiner s'il faut, pour être démocratique, que l'élément représentatif, dans la souveraineté actuelle, soit l'expression du suffrage universel. Quand j'aurai prouvé que cela n'est point nécessaire, il y aura lieu d'examiner si la chambre des Députés, dans sa constitution présente, est ou n'est pas suffisamment démocratique; et, si vous y tenez, je ne refuserai pas de traiter avec vous cette question. Mais commençons par bien établir le principe.

Ne vous semble-t-il point, mon oncle, que la question de rendre démocratique la chambre des Députés revienne à la question d'y faire prévaloir des idées et des volontés démocratiques?

— Cela me paraît juste.

— Eh bien, mon oncle, quel est, selon vous, le moyen d'assurer dans la chambre élective la domination de l'esprit démocratique?

— Hé! pardieu, c'est de lui donner des origines démocratiques.

— Fort bien. Ainsi, selon vous, la chambre sera démocratique si les conditions de l'éligibilité et du droit électoral sont démocratiques. Mais pensez-vous qu'il n'y ait moyen d'assurer l'esprit démocratique dans le corps électoral qu'en le composant du peuple

en masse? ou pensez-vous qu'on puisse prendre
dans la masse une classe d'hommes tels que la démocratie, c'est-à-dire les idées, les instincts, les passions mêmes, qui font les volontés démocratiques,
se trouvent chez ces hommes aussi bien que dans la
masse, tels même que l'esprit démocratique, aussi vif
en eux que dans la masse, soit accompagné en eux
de plus d'intelligence, de constance et de discipline?

— Tu dois savoir que je suis de ce dernier avis.
Jamais je n'ai donné dans les exagérations du radi-
calisme.

— Ah! voilà un grand pas de fait, mon oncle!
Vous admettez qu'on puisse vouloir le droit commun,
l'égalité civile, la réalisation successive des idées de
justice sociale, qu'on puisse vouloir tout cela fortement, constamment, avec ardeur et énergie, sans
être de la portion la plus nombreuse et la moins
éclairée du peuple? Vous admettez, en un mot, qu'on
puisse avoir qualité démocratique sans partager les
préjugés, les inconstances et les passions un peu
violentes et trop faciles à remuer de la multitude?

— Assurément.

— Eh bien! voilà, selon moi, toute la question
électorale! Je prétends qu'il suffira, pour avoir la dé-

mocratie dans le corps électoral, de le composer d'hommes ayant qualité démocratique, c'est indispensable, et, d'autre part, offrant, dans l'intérêt même de la démocratie et d'une bonne direction de la société, des garanties de capacité et d'esprit de suite impossibles à obtenir de la multitude.

— C'est aussi mon sentiment.

— Mais cela résout la question du suffrage universel, de la souveraineté du nombre, et par un argument sans réplique : c'est que ces belles théories sont inutiles à la fin même pour laquelle on les invoque ; à moins que leurs partisans n'avouent qu'ils tiennent moins à la démocratie qu'à la république, ou qu'ils veulent une perturbation radicale de la société actuelle et de ses principes constitutifs. Et remarquez qu'il n'y a pas besoin, pour condamner ces théories, d'objecter les obstacles de la pratique, la difficulté de les réaliser logiquement, ce qui serait encore un argument de quelque importance. Tout simplement, elles ne valent rien, parce qu'elles ne serviraient à rien pour la démocratie, ou plutôt parce qu'elles ne serviraient qu'à troubler et compromettre toutes choses. Il n'y a donc plus à s'occuper du suffrage universel.

Cela reste maintenant une question de pratique assez importante que de savoir si, dans les conditions actuelles, le corps électoral est constitué aussi démocratiquement qu'il pourrait l'être. Là-dessus on peut avoir des opinions diverses. Mais le principe est hors d'atteinte. Du moment qu'on renonce à la souveraineté du nombre, on sort de la démagogie pour entrer dans la démocratie, en reconnaissant le droit de la *capacité* dans le sens politique, et ce n'est plus qu'un raisonnable emploi de la science constitutionnelle, que de chercher consciencieusement les meilleures applications de ce droit de la capacité dans le sens de la démocratie.

Quant à l'éligibilité, si les électeurs représentent bien l'esprit démocratique, on peut compter que les éligibles le représenteront bien aussi. Je crois qu'il n'y a guère à s'inquiéter de cela. Sous d'autres rapports, il pourra être important de discuter l'éligibilité. On pourra se demander si, lorsque les garanties sont dans les électeurs, il est besoin qu'elles soient encore dans les éligibles. On pourra même douter qu'il y ait une garantie quelconque dans le titre pécuniaire de l'éligibilité, s'il est peu élevé, et, s'il est très-élevé, qu'il offre une garantie suffisante de la liberté des

choix. On pourra aussi se demander s'il est bon de
limiter les vocations politiques, ou du moins de les
entraver, de les retarder, et si, avec des institutions
qui usent tant d'hommes et qui ont tant besoin de
talents, il est rationnel de tenir tant à l'étroit les en-
trées de la vie politique. On pourra même prétendre
que la suppression de l'éligibilité, en ouvrant la car-
rière politique à tous les hommes que leur nature y
porte, détruirait beaucoup de mauvaises candidatures
par la concurrence des bonnes ; qu'elle ferait ainsi du
travail des élections une sorte d'épreuve des hommes
politiques ; et que, de toute façon, elle laisserait une
immense garantie contre l'invasion des hommes sans
consistance dans la nécessité de préparer et de gagner
une clientèle électorale. Mais sur tout cela encore, la
diversité des opinions, tout en ayant de l'importance,
n'aura pas une importance capitale. Il suffit qu'on ait
évité la démagogie dans l'organisation électorale, tout
en y faisant prévaloir la démocratie, pour que tout
aille à peu près convenablement à la chambre des
Députés.

— Voilà qui est très-bien pour l'éligibilité. Je vois
que sur ce point il y aurait moyen de nous entendre.
Mais, puisque tu es disposé à traiter dans l'applica-

8

tion la question électorale, je ne serais pas fâché de connaître là-dessus ta manière de penser. Reprends donc un peu cela.

— Très-volontiers, mon oncle. Vous désirez que j'examine si la chambre des Députés a présentement dans le corps électoral des origines assez démocratiques? Eh bien! veuillez d'abord me dire quelle est sur cela votre opinion.

— Oh! sur cela, mon opinion est que le corps électoral actuel ne vaut pas le diable....

— Pourquoi, mon oncle, pourquoi?

— Pourquoi? pour mille raisons! Voyons, si tu veux être franc, ne reconnaîtras-tu pas que la corruption y déborde, que les voix y sont à l'encan, que tes préfets le travaillent d'une façon scandaleuse, que les menaces, les séductions, les manœuvres de toutes sortes....

— Assez, assez, mon oncle! Avec la plus grande franchise du monde, je vous dirai que ce ne sont point là des raisons. Si vous prétendez que le corps électoral est corrompu, je prétendrai qu'il ne l'est pas : cela n'en finira jamais. Dieu sait du reste s'il est aucun parti qui soit en arrière des autres dans aucune pratique électorale. Est-ce qu'une élection politique, dans un système quelconque, sera jamais autre chose qu'une lutte des idées, des intérêts, des passions et des ambitions, qui exaltent le plus les hommes, et qui donnent à leur activité le plus d'énergie et de souplesse, d'habileté et de violence, de persistance et de mobilité, d'égoïsme et de dévouement? Est-ce qu'il résultera jamais autre chose d'une semblable lutte, et dans tous les partis, puisque dans tous les hommes sont les mêmes, que beaucoup de turpitudes à côté de beaucoup de nobles efforts? Laissez donc ces objections, mon oncle, et d'autres qu'on pourrait faire avec plus de justesse, et sur lesquelles je serais peut-être d'accord avec vous, quoique probablement par d'autres raisons que vous, mais qui seraient prises dans un ordre d'idées secondaires. Il ne faut pas étouffer la question principale sous les détails. Donnez-moi des raisons prises au point de vue démocratique. Trouvez-vous, oui ou non, que le corps électoral soit assez démocratique?

— Oh! ce n'est pas de ce côté qu'il y a le plus à redire. Il me semble cependant que l'adjonction des *capacités* serait désirable....

— Et quelle est votre raison pour désirer l'adjonction des *capacités?*

8.

— Ma raison est dans le mot lui-même, pardieu !
Il est assez clair que les gens capables doivent être
en tête du corps électoral plutôt que d'en être exclus.
Il faut l'entêtement de tes conservateurs pour aller là
contre. Quand on pense qu'un Béranger, un Chateaubriand, s'ils ne payent point deux cents misérables
francs d'impôt, ne seront pas électeurs !

— Pardieu ! mon oncle, s'il n'y a qu'à s'échauffer,
je suis ravi que vous me fournissiez l'occasion d'examiner ce que vaut ce fameux argument, qui dispense
dans votre opposition tant de gens de raisonner. Il
me semble cependant que raisonner un peu ne serait
guère plus difficile ni guère plus long, que de jeter
d'un air triomphant ces superbes noms propres, et
vous allez vite en juger. Vous avez reconnu, n'est-ce
pas? qu'il n'y a, sur cette question électorale, que
deux systèmes possibles, à prendre les choses d'une
façon générale : ou il faut que tout le monde soit électeur, et MM. Béranger et Chateaubriand le seront
comme tout le monde, mais vous n'en êtes pas
d'avis; ou il faut, à défaut de tout le monde, établir
un système de classification, et vous admettrez que
si ces grands génies échappent à toute classification,
ils devront en supporter les inconvénients. Vous ne

prétendez pas que la loi puisse établir pour ces messieurs une catégorie du génie ; et si, même avec
votre réforme des capacités, à supposer qu'elle ad-
mette, à côté des censitaires, les membres de l'Institut, les avocats, les avoués, les notaires, les médecins, vous cherchez une place pour M. Béranger,
qui ne pourrait entrer avec M. Chateaubriand comme
étant de l'Institut, vous verrez qu'il sera difficile
encore de la trouver, puisque, n'étant pas censitaire,
il n'est non plus avocat, ni docteur, ni muni d'aucun
diplôme que je sache. Ainsi, même avec votre réforme des *capacités*, l'illustre Béranger resterait à la
porte. Faudrait-il en conclure que, pour M. Béranger
tout seul, on devrait encore réformer votre réforme ?
Que vous semble de l'argument, mon oncle ? Je tire
à bout portant, mais c'est votre faute. Rendez-moi la
pareille, si vous pouvez.

— J'avoue que, sur le cas particulier, ton observation serait assez juste. Mais quand je disais Béranger, c'était une façon de parler, pour dire qu'il fallait
autant que possible que les talents ne restassent pas
en dehors du droit électoral.

— Oh ! pour cela, mon oncle, je le désire autant
que vous, mais c'est à une condition, qui est dans la

force des choses. Il est indispensable que les talents sachent se classer, s'ils veulent être compris dans un système de classification. Reconnaissez que, sans cela, ils ne seront pas admis à réclamer. Et maintenant, si vous consentez à examiner la question en elle-même, indépendamment de ces exclusions exceptionnelles, comme il y en aura toujours à toute classification, je suis tout prêt à continuer. Mais tâchez de rester calme, mon oncle; car je voudrais moi-même n'employer que de la raison à des questions si difficiles et si importantes. Je reviens à la demande que je vous adressais. Quelles sont les conditions qui vous font désirer l'adjonction des *capacités ?*

— Eh bien, s'il te faut une considération démocratique, il me semble que les avocats, les avoués, les notaires, les médecins, les membres de l'Institut, peuvent bien être regardés comme faisant partie de cette classe d'hommes à laquelle tu attribuais tout à l'heure qualité électorale. Tous ces gens-là représentent le meilleur de la démocratie.

— Ils en représentent quelque chose assurément, et d'abord la haine du principe aristocratique, ce qui est beaucoup, sans que ce soit pourtant le meilleur de la démocratie, qui est dans une naturelle et active

sympathie pour la classe populaire plutôt que dans
une aversion un peu vaniteuse pour toute classe pri-
vilégiée. Il y a encore, pour recommander leur
adjonction, la considération qu'elle changerait ce
qu'il y a d'exclusif dans le signe actuel de la capacité, qui n'est que dans l'argent; changement de
forme important par lui-même, en ce qu'il honorerait
les institutions de tout l'honneur qu'il accorderait à
l'intelligence investie de titres sérieux. Mais si ce
sont là des motifs dont il faut tenir compte, il faut
considérer d'autre part que cette réforme augmenterait
peu le corps électoral; qu'elle l'augmenterait de gens
appartenant à la classe déjà dominante, à ses idées,
à ses passions, à ses intérêts; qu'ainsi elle n'ajou-
terait que peu aux mobiles actuels du législateur, et
que l'inconvénient de changer une loi capitale, pour
une réforme si peu efficace, l'emporterait de beaucoup sur les avantages qui pourraient en résulter.
Ainsi je ne repousse pas d'une façon absolue cette
réforme, que je crois au contraire bonne dans une
certaine mesure; mais je pense qu'il ne faudra réviser
la loi actuelle que lorsqu'à cette réforme on pourra en
ajouter d'autres, qui changeront plus efficacement
dans le sens de la démocratie l'esprit de la législation.

Même considération à opposer à la question des incompatibilités, à celle de l'élection par département, qui, tout en étant assez importantes, surtout la seconde, ne compensent pas cependant l'inconvénient de toucher au système électoral sans le modifier sensiblement dans les choses essentielles. Voilà, mon oncle, mon sentiment sur les idées de votre opposition en matière d'élection ; outre que, par des raisons que je vous expliquerai bientôt, j'aurais, sans combattre ces idées en elles-mêmes, à les combattre uniquement parce qu'elles viennent de l'opposition.

— Ah ! voilà qui est curieux ! Tu ferais donc de l'opposition systématique à l'opposition, chez laquelle précisément vous ne cessez, vous autres conservateurs, d'attaquer cette tactique.

— Peut-être, mon oncle. Je vous ai dit que je vous expliquerais cette façon d'agir, et vous jugerez de mes raisons. Elles peuvent être bonnes sans que celles de l'opposition cessent d'être mauvaises, et d'autant meilleures que celles de l'opposition seraient plus mauvaises. Voilà l'important !

— Nous verrons, puisque tu promets de t'expliquer. Mais, pour rester dans la question électorale, puisque tu argumentes contre la réforme demandée

par l'opposition constitutionnelle de son insuffisance,
que voudrais-tu donc de plus qu'elle? Sais-tu que
tu m'intrigues passablement ? Il serait plaisant que tu
fusses plus libéral que moi !

— Et pourquoi pas, mon oncle, s'il ne s'agit que
d'être plus conséquent en même temps que plus sage?
Et vous allez comprendre facilement qu'il ne s'agit
que de cela. Vous savez que je veux franchement,
complétement la démocratie; vous savez que j'en
rattache le développement à l'idée même de civilisation et de progrès. Vous savez, d'autre part, que,
la sentant déjà dominante dans les intérêts et les
opinions de la France actuelle, je ne crois pas qu'il
soit possible désormais au gouvernement de chercher
sa force ailleurs que dans ces intérêts et ces opinions.
Je dois donc vouloir, pour la consistance même du
gouvernement, tout ce qui peut organiser, élever la
démocratie, tout ce qui, en la faisant participer à
l'œuvre même du gouvernement, doit la rendre capable de discipline politique, assurer son alliance
avec le pouvoir, et de la sorte régulariser enfin le
travail de la civilisation. C'est pourquoi je veux,
dans l'intérêt même de l'ordre et de la conservation,
qu'on s'occupe, du côté du gouvernement encore plus

que du côté de l'opposition, d'une solution de la question électorale, qui puisse en laisser l'initiative aux conservateurs, quand le temps sera venu où les réformes pourront fortifier les institutions au lieu de les compromettre.

— Et qu'y aurait-il à faire, selon toi, pour obtenir ces résultats, si désirables, je le reconnais, dont tu viens de parler ?

— Il y aurait à démêler, à préparer, à classer dans la société tous les éléments politiques qu'elle contient, et qu'y produisent chaque jour le développement moral du principe démocratique et l'extension des intérêts fondés sur ce principe ; car, de même que c'est à l'ordre social qu'il faut tout rapporter en politique, c'est de l'ordre social qu'il faut tout tirer. Il y aurait à organiser de plus en plus la société d'après les formes diverses de l'activité humaine, en prenant enfin le travail, cette source première de la démocratie, comme élément constitutif de toute organisation. Il y aurait, en d'autres termes, à classer de plus en plus les hommes par ce qu'ils *font*, au lieu de les classer par ce qu'ils *ont*, de façon à relever de plus en plus la dignité du travail, à en augmenter de plus en plus la puissance. Il y aurait par suite à restreindre de plus en plus l'argent à n'être un titre de puissance, de capacité politique, que par son association avec le travail, avec une profession, avec des titres intellectuels. Il y aurait enfin à mettre toutes les professions dans ces conditions d'ordre et de discipline, qui recommandent aujourd'hui les prétentions politiques des professions libérales. Ainsi, au lieu d'être censitaire, il faudrait qu'on fût agriculteur, industriel, avocat, médecin, négociant, artiste, artisan, etc., et, au lieu d'être électeur à titre de censitaire, il faudrait qu'on le fût à titre d'agriculteur, d'industriel, d'avocat, de médecin, de négociant, d'artisan, d'artiste, etc., justifiant du reste de telles autres conditions que la loi pourrait exiger comme garanties morales. Voilà un corps électoral qui serait l'exacte représentation de la nation, de la vraie nation, de celle qui accomplit l'œuvre sociale dans toutes ses parties, et, comme elle, fondé sur le travail, ce principe constitutif de tout ordre, ce titre suprême de tout droit! Avec un corps électoral semblable, quel intérêt pourrait se plaindre, quel orgueil pourrait souffrir, quelle question pourrait devenir subversive, quelles appréhensions pourrait concevoir un gouvernement accepté par lui? Je reconnais du

reste qu'avant d'en être là il y a beaucoup à faire,
beaucoup par le gouvernement, beaucoup par la
société elle-même. Mais c'est là le but, c'est dans ce
sens qu'il faut marcher, en matière de réforme électorale. L'adjonction des *capacités* rentre dans cette
direction, sans que ses partisans s'en rendent bien
compte, et c'est pourquoi je l'approuve en principe.
Mais je vous ai dit les raisons qui me la faisaient
trouver assez peu importante. En dehors de cela, il
n'y a que des questions de plus ou de moins, des
diminutions de cens, qui peuvent avoir encore leur
utilité de circonstance, mais dont le principe, toujours exclusif et défectueux en quelque chose, lais-
sera toujours des griefs à des classes nombreuses.
Toutefois, s'il devenait opportun de changer la loi
électorale actuelle, avant que le développement social que je désire eût produit dans l'ordre social de
nouveaux éléments politiques, je voudrais qu'on ne
la changeât pas sans joindre à la réforme des *capacités* une réforme du cens, qui pût augmenter sensiblement le nombre des électeurs ; car, en même temps
que la qualité électorale ajoute à la dignité des caractères, elle fortifie l'esprit public en le répandant sur
un plus grand nombre d'hommes, et ce sont des ré-

sultats qu'il serait impossible de négliger dans une révision de la loi électorale.

— Il faut que je l'avoue, ces idées sont prises plus haut et vont plus loin que celles de l'opposition. Il te reste à me faire concevoir qu'on puisse être conservateur avec des idées aussi libérales.

— Je pourrais déjà, mon oncle, vous donner à décider si, avec la supposition que le gouvernement les accepte, il saurait moins bien les appliquer que l'opposition, et si, avec la supposition qu'il ne les accepte pas, ce sont les avis de l'opposition plutôt que ceux de ses amis qui le décideront à les accepter. Mais ce serait trop restreindre la question, et, quand j'aurai achevé de vous montrer que la démocratie n'implique pas le changement de nos institutions, mais seulement leur développement régulier, je pourrai traiter d'une façon générale la question de politique pratique, et discuter lequel vaut le mieux, dans l'affaire électorale comme dans toutes les autres, d'être conservateur ou d'être de l'opposition.

Vous tenez pour établi déjà que, dans la souveraineté actuelle, l'élément représentatif peut être démocratique sans sortir du suffrage universel. Voyons maintenant ce qu'il faut penser de la chambre des Pairs et de la royauté.

Il n'est pas besoin de longs raisonnements pour montrer que la chambre des Pairs ne saurait entraver la démocratie. Assurément, ce n'est pas une chambre dépourvue de l'hérédité, et de tout ce qui constitue la puissance aristocratique, qui pourra entreprendre de lutter contre une chambre élective démocratiquement constituée. Mais elle pourra la modérer, elle pourra introduire dans la confection de la loi l'expérience administrative, la science des affaires et l'esprit de conservation, qui pourraient manquer aux délibérations un peu vives et passionnées de l'autre chambre ; elle pourra en un mot prévenir ou compléter, au point de vue législatif, ce que l'esprit plus politique de la chambre élective laisserait de défectueux dans la loi. Et c'est encore un grand rôle, un rôle qui suffit à réserver à la pairie une grande place dans la constitution. Si, pour ce rôle, il était possible de fortifier encore la pairie, d'ajouter quelque chose de plus libéral au principe de son recrutement, on le pourrait désirer ; mais ce qu'il ne faut plus, ce qui est inadmissible, ce qui serait contraire au principe de l'ordre social, ce serait de rêver quelque chose qui la ramenât, d'une façon plus ou moins détournée, à l'hérédité; comme, par exemple, ce mode de recrutement par elle-même, par désignations venant d'elle-même, qui a été imaginé dans ces derniers temps. C'est une chose singulière de voir combien la préoccupation de l'Angleterre retarde chez nous la formation de doctrines politiques qui nous soient propres, qui soient conformes à notre état social, à notre constitution même, si différente, malgré les apparences, de celle d'Angleterre. Parce qu'il y a une chambre des Lords dans la constitution anglaise, on ne veut pas concevoir qu'il puisse y avoir dans la constitution française une chambre des Pairs si différente de celle des Lords! Et cependant, je le répète, rien de ce qui a pu convenir à l'Angleterre ne saurait convenir à la France. Ce n'est pas à la ressemblance des institutions politiques qu'il faudrait penser, pour faire de ces comparaisons, mais à la profonde dissemblance de l'état social; et, si l'on regarde en France à l'état de la société, on se convaincra que fort heureusement une pairie aristocratique n'y est plus possible; et l'on comprendra du reste qu'il n'est plus nécessaire que la pairie ait toute la force qu'on lui désire; on comprendra même que cela serait dangereux. Politiquement, il ne faut plus que la pairie puisse empêcher, puisse même trop arrêter. Il faut seulement qu'elle puisse modérer, et, pour n'être que pouvoir *modérateur*, le titre viager et le principe des catégories, avec l'extension dont il est susceptible, lui suffisent. Elle n'a que faire de l'hérédité.

C'est là tout ce que je vous dirai de la pairie, et c'est assez pour établir qu'elle est très-compatible avec la démocratie. J'ai hâte de passer à la question bien autrement importante de la royauté, qui tient une si grande place dans la constitution; car, en même temps qu'elle est une partie importante de la souveraineté par le droit d'initiative et de sanction dans la législation, qu'elle participe à ce gouvernement, à cette direction permanente de la société qui se fait par la loi, elle est à elle seule le pouvoir exécutif, et chargée seule, à ce titre, de ce gouvernement de la société qui se fait par l'administration journalière de ses affaires tant intérieures qu'extérieures. Si je prouve que non-seulement la royauté est très-compatible avec la démocratie, mais qu'elle convient mieux à la démocratie que la république, la conformité de l'ordre politique et de l'ordre social sera

complétement établie, et c'est dans la constitution
même que nous devrons chercher la politique démocratique.

— Cette façon de discuter est irréprochable.

VI.

Vous savez, mon oncle, les raisons que les adversaires de la royauté lui opposent. Ils prétendent que, de sa nature, la royauté est aristocratique ; qu'elle est contraire, par l'hérédité, aux principes de notre droit constitutionnel ; qu'elle est du reste ou superflue, si c'est le parlement qui gouverne, ou funeste, si elle empêche le parlement de gouverner. Prenons ces objections l'une après l'autre.

La royauté est de sa nature aristocratique : c'est Montesquieu qui l'a dit. Montesquieu, Montesquieu l'a déclaré !

Je pourrais répondre d'abord que Montesquieu a déclaré cela, mais qu'il ne l'a point prouvé [1]. Il dit que la monarchie implique des pouvoirs intermédiaires, subordonnés et dépendants, et que ces pouvoirs se trouvent le plus naturellement dans une noblesse. C'est une assertion, rien de plus, et je suis étonné qu'en face de la monarchie anglaise, dont il a si bien parlé ailleurs, il ait avancé cette idée de pouvoirs intermédiaires, subordonnés et dépendants; car s'il y avait une noblesse à côté de la royauté en Angleterre, elle n'y était certes ni subordonnée ni dépendante. Et d'ailleurs, cette opinion de Montesquieu pouvait être bonne dans la monarchie comme il l'entendait, mais cette monarchie elle-même a cessé d'être bonne. Il se pouvait qu'à une royauté souveraine il fallût une noblesse, comme pouvoir subordonné et dépendant; mais il s'agit maintenant de ce qu'il faut à une royauté constitutionnelle. Si Montes-

---

[1] *Esprit des Lois*, livre II, chapitre IV. Voyez à ce sujet les doutes de Voltaire dans son *Commentaire sur l'Esprit des Lois*, et ceux d'Helvétius dans sa lettre à Montesquieu sur le même livre.

« J'aurais désiré, dit Voltaire, que l'auteur, ou quelque autre » écrivain de sa force, nous eût appris clairement pourquoi la no- » blesse est l'essence du gouvernement monarchique. On serait porté » à croire qu'elle est l'essence du gouvernement féodal, comme en » Allemagne; et de l'aristocratie, comme à Venise. »

quieu revenait au monde, il serait bien obligé de
concevoir d'autres gouvernements que ceux dont il
s'est occupé. Sa ressource, il est vrai, serait de prétendre que ces gouvernements ne peuvent pas durer,
et c'est précisément ce qui est en question.

Laissons donc de côté l'autorité de Montesquieu,
puisque, devant les faits nouveaux, il serait obligé
lui-même de donner des raisons nouvelles. Serait-il
fondé à prétendre que, même dans ses conditions actuelles, la royauté en France, pour durer, dût être
aristocratique; et par suite les adversaires de la
royauté seraient-ils fondés à lui faire une objection
de cette nécessité? Voilà ce qui est maintenant à débattre, et c'est dans les choses mêmes, et non dans
les préjugés de l'ancienne science, qu'il faut chercher son opinion.

Or, à considérer la royauté en elle-même, dans ses
intérêts de pouvoir voulant durer, voulant avoir force
et consistance, il m'est absolument impossible de concevoir qu'elle cherche désormais son point d'appui
ailleurs que dans la démocratie.

Pour qu'elle le cherchât dans une aristocratie, il
faudrait qu'il y en eût une, et il n'y en a plus. Qua-
rante ans d'une législation réglant la propriété, la

famille, les relations civiles, d'après le droit commun, en ont détruit presque tous les éléments. Rien de ce qui est privilége, exception, immunité, n'a trouvé de refuge que dans les fictions de la vanité. Je ne vois plus, comme fondement des conditions indivi- duelles, que la propriété, dont la répartition ne peut que se généraliser sans cesse davantage. N'ayant plus d'aristocratie sous la main, la royauté entreprendra- t-elle d'en refaire une, et pour cela de réagir contre toutes ces puissances d'idées et d'intérêts qu'a déjà développées le siècle? Mais cela supposerait le con- cours du parlement, et, bourgeois ou démocratique, est-il concevable que le parlement aide au rétablis- sement d'une aristocratie? Il faudrait donc changer ou supprimer la constitution. Conçoit-on qu'avec la presse, avec le pouvoir actuel de l'opinion, avec les souvenirs de nos révolutions, la royauté puisse jamais former un pareil dessein? Conçoit-on que jamais le résultat lui paraisse valoir les peines et les périls de l'entreprise?

Ainsi les dispositions, les tendances aristocratiques qu'on suppose à la royauté rencontrent, dans la force des choses, des obstacles qui en détruisent la possi- bilité. Mais, s'il en était besoin, j'irais plus loin ; je

contesterais qu'il y eût désormais une seule raison
plausible de supposer à la royauté, même à l'état
d'inclination tout intérieure, de ces dispositions, de
ces tendances aristocratiques qu'on lui objecte. Serait-
ce une raison de pouvoir? Est-ce qu'avec une aristocratie constituée en parlement, la seule possible désormais, la royauté aurait plus de pouvoir qu'avec
un parlement démocratique? Qu'on en juge par la
royauté anglaise. Serait-ce une raison d'ambition,
de dignité? Est-ce que, dans la paix, dans la guerre,
la royauté, avec une aristocratie, serait investie d'un
commandement plus haut, et pourrait entreprendre
de plus grandes choses qu'avec la démocratie? Est-ce
qu'elle se battrait moins bien avec les plébéiens de
Napoléon qu'avec les gentilshommes de Louis XIV?
Est-ce que l'œuvre du gouvernement est moins glo-
rieuse avec les illustrations du talent qu'avec les
illustrations de la naissance? Est-ce qu'être le représentant de tout un peuple vaut moins qu'être l'ins-
trument d'une seule classe? Est-ce que la prérogative royale reçoit plus d'éclat d'une aristocratie qui la
domine que de l'élite d'une nation qui la défend
Serait-ce même une raison de vanité? Est-ce qu'il
n'y a pas dans les grands services de l'État, et dans

les arts, et dans les sciences, de quoi composer à la
royauté un aussi bel entourage que dans les rangs de
la plus brillante aristocratie ?

— Très-bien, Paul! voilà qui est parler! Sur tout
cela, je suis entièrement de ton avis.

— Mais, mon oncle, s'il n'y a ni moyen actuel,
ni moyen concevable, pour la royauté, de s'appuyer
sur une aristocratie, ni même raison concevable d'en
désirer une, il faut bien qu'elle s'appuie sur la démocratie; à moins qu'il n'y ait lieu de distinguer entre
la bourgeoisie et la démocratie, et c'est un point sur
lequel je ne demande pas mieux que de m'expliquer.

— C'est précisément l'observation que j'allais te
faire. Mais tu prévois tout et tu as réponse à tout. Il
y a plaisir vraiment à t'entendre discuter.

— Je vous remercie, mon oncle, de votre bien-
veillance. Veuillez me la continuer encore un peu,
et j'aurai bientôt fini.

— Oh! ne te dépêche pas tant. Je t'écouterais jusqu'à demain, s'il le fallait.

— Merci encore, mon oncle. Mais j'ai hâte moi-
même d'arriver à conclusion, car je commence à être
fatigué.

— Eh bien, continue donc. Je n'ai qu'à te laisser parler.

— Il s'agit d'examiner, disais-je, s'il y a lieu de distinguer entre la bourgeoisie et la démocratie, de façon que la royauté ait à s'appuyer sur l'une plutôt que sur l'autre. Cela revient évidemment à examiner s'il y a, entre la bourgeoisie et le peuple, une opposition d'intérêts telle, que la royauté ait à servir ceux de l'une plutôt que ceux de l'autre, telle même, qu'elle puisse gagner quelque chose en force, en consistance, en avenir, à servir ceux de l'une contrairement à ceux de l'autre.

Mais ramener la question à ces termes, c'est la résoudre. Il est manifeste que nulle opposition semblable d'intérêts n'existe entre la bourgeoisie et le peuple. Tous les principes sont généraux dans la législation civile, tous les droits constitutifs de l'ordre social sont communs à la bourgeoisie et au peuple; ou plutôt il n'y a plus dans la société qu'un seul droit, fondement de toutes les conditions et de tous les intérêts, accessible à tous, d'une application universelle, qui est la propriété. C'est uniquement de ce droit, accessible à tous, je le répète, que sort désormais la classification nécessaire de la société. C'est par là, et par là seulement, que la bourgeoisie et le peuple diffèrent ; mais ce n'est là qu'une différence et non un antagonisme. Rien de ce qui, sans attaquer ce droit, aurait pour effet d'en étendre le bénéfice à un plus grand nombre, ne saurait porter atteinte à la bourgeoisie ; et rien de ce qui, sans rendre ce droit exclusif, peut en augmenter le bénéfice pour la bourgeoisie, ne saurait être contraire au peuple. Il y a bien déjà quelques économistes, de ceux que les réalités écrasent, et qui ne savent leur opposer qu'un indolent amour de l'absolu et de l'impossible, qui attaquent la propriété elle-même au nom de la démocratie. Mais jusqu'à présent, et je le dis pour y avoir bien pensé, ce ne sont que des attaques en l'air, et tant qu'ils ne prendront pas la peine d'indiquer en termes intelligibles des moyens praticables de la remplacer, il n'y aura pas à tenir compte, dans la politique, de ces faciles critiques qui n'arrivent à prouver que l'imperfection si visible des institutions humaines. Assez de choses encore sont à faire pour la démocratie, avec la propriété même, par l'extension et la généralisation dont elle est susceptible, pour qu'on doive laisser aux paresseux le passe-temps de la discuter, et ce serait trop attendre, pour s'occuper du peuple, que d'attendre qu'ils eussent trouvé la perfection. Donc, pour le moment encore, les fermes et honnêtes esprits peuvent se contenter de vouloir la démocratie dans tout ce qu'elle a de compatible avec la propriété, et la vouloir de la sorte, c'est ne rien vouloir qui ne convienne à la bourgeoisie aussi bien qu'au peuple, et qui par suite ne permette à la royauté de s'assurer l'appui du peuple sans perdre celui de la bourgeoisie.

Ainsi la démocratie, c'est à la fois la bourgeoisie et le peuple, avec leurs besoins et leurs intérêts distincts, mais nullement opposés, et servir la démocratie, c'est, pour la royauté, s'appuyer à la fois sur la bourgeoisie et sur le peuple.

Quel est donc désormais l'intérêt dominant de la royauté? C'est évidemment de s'assurer ce double appui; c'est de prouver de toutes les manières la possibilité de son alliance avec la démocratie, alliance sur laquelle le doute seul en des jours critiques serait un grand danger; c'est de faire de toutes les manières acte de pouvoir dévoué à cette alliance, et comme c'est le peuple qui a le plus besoin qu'on s'occupe de lui, et qui est aussi le plus redoutable quand on ne s'en occupe pas, c'est de montrer une sollicitude par-

ticulière pour les intérêts du peuple; c'est, en ce qui
regarde l'ordre social, de servir, de développer,
d'organiser les intérêts démocratiques, de leur donner force et consistance, d'élever sans cesse en considération et en pouvoir le travail, qui est l'essence
de la démocratie, et de prendre législativement et
administrativement l'initiative de toutes les questions
qui ont pour objet d'améliorer le sort des classes laborieuses; c'est, en ce qui regarde l'ordre politique,
de faire plus de place dans les institutions à l'élément
démocratique, de mieux garantir au peuple la prise
en considération de ses intérêts dans la législation et
le gouvernement, et de convertir en garanties d'ordre
et de discipline dans la constitution les forces démocratiques qu'une bonne direction aura su organiser
dans la société. Tout ce que la royauté fera dans ce
sens, en prouvant qu'elle accepte la démocratie,
aura pour effet de prouver que la démocratie peut à
son tour l'accepter, et d'associer ainsi la destinée du
principe monarchique à tout l'avenir du principe
démocratique.

Mais si c'est là désormais l'intérêt le mieux indiqué
de la royauté; c'est par là qu'elle se doit caractériser,
et il faut dire que désormais, loin d'être aristocra-

tique, la royauté en France est essentiellement démocratique.

Ainsi tombe l'objection qu'on prend dans l'ordre
social contre la royauté. Passons maintenant aux
objections qu'on lui cherche dans l'ordre politique,
tant dans sa constitution propre que dans ses rapports
avec les autres pouvoirs.

D'abord on attaque dans la royauté l'hérédité politique, condamnée, dit-on, par la suppression de
l'hérédité dans la pairie.

Je vais faire à cela, mon oncle, une réponse pé-
remptoire : c'est qu'au point de vue démocratique,
la suppression de l'hérédité dans la pairie devient une
raison toute-puissante de maintenir la royauté.

Pourquoi a-t-on supprimé l'hérédité dans la pairie?
C'est par un motif démocratique incontestablement.
On s'est dit : La pairie héréditaire serait bientôt une
aristocratie. Avec le prestige de l'hérédité, les fils de
pairs auraient bientôt, par d'opulentes alliances,
rendu pour fondement à leur puissance politique la
puissance sociale des grandes fortunes. Forts de leur
origine indépendante et de cette consistance de la
richesse, les pairs mettraient bientôt des conditions
à leur concours, et regagneraient peu à peu des pri-

viléges contraires aux principes de la révolution.
Maîtres d'une partie du pouvoir législatif, ils enva-
hiraient facilement, par eux et les leurs, toutes les
grandes positions du gouvernement, et ramèneraient
ainsi, avec plus de force pour eux à côté d'une royauté
moins forte, toutes les injustices et tous les abus de
l'ancien régime. Que deviendrait l'égalité civile, que
deviendrait l'égale admission de tous les Français aux
fonctions publiques, que deviendraient tous ces droits,
tous ces grands principes, pour lesquels nous avons
tant lutté, tant souffert, et que nous avons conquis si
péniblement? Est-ce que nous pouvons ainsi sacrifier à des raisons d'ordre politique le principe même
de l'ordre social? Qu'on ne parle donc plus de pairie
héréditaire! Nous n'en voulons plus, nous n'en au-
rons plus.

Voilà ce qui fit supprimer l'hérédité de la pairie.

A coup sûr, aucune de ces considérations n'est
applicable à la royauté, aucun de ces dangers ne
saurait venir d'elle. La royauté ne fait point classe,
la famille royale ne saurait constituer une aristocratie,
le privilége d'une seule famille ne saurait porter
atteinte au principe de l'ordre social. Rien de ce qui
condamne la pairie héréditaire ne condamne donc la

royauté. Mais toutes les raisons politiques qui recommandaient la pairie héréditaire recommandent la royauté, et la recommandent d'autant plus, qu'à défaut d'une pairie aristocratique, il n'y a que dans la royauté qu'on puisse trouver les mérites politiques de l'aristocratie.

Dans toute société, mon oncle, démocratie ou autre, il faut mettre de quelque façon l'esprit de suite, l'esprit de tradition dans le gouvernement. L'aristocratie est éminemment douée de cet esprit de suite ou de tradition ; mais elle a des inconvénients énormes, qui ne sauraient être compensés par ses mérites. Si vous renoncez à l'aristocratie, quel est, en France, celui des trois pouvoirs dans lequel vous pourrez mettre l'esprit de suite ? Sans l'hérédité, ce n'est pas dans la chambre des Pairs, qui n'est plus assez puissante. C'est encore moins dans la chambre des Députés, assez puissante assurément, mais où, sans la nécessité de compter avec un pouvoir indépendant d'elle, toutes les questions recevraient leurs solutions des intérêts et des passions si mobiles des partis, et varieraient de toutes les variations de la majorité. Ce ne peut donc être que dans le pouvoir exécutif, qui du reste, par son droit d'initiative dans la législation et par la nature même de son autorité administrative, approche le plus près des affaires et y prend la plus grande part. Mais il faut pour cela que ce pouvoir, dépendant du parlement par la nécessité d'en obtenir l'adhésion, en soit indépendant par son origine, sans quoi il serait variable comme le parlement lui-même. Il faut donc qu'il ne sorte pas de l'élection, car ce serait sortir d'un parti, et, selon que ce parti viendrait à l'emporter ou à succomber, le pouvoir exécutif représenterait alternativement des politiques contraires; sans compter les inconvénients du changement même, de ce renouvellement si fréquent des hommes et des choses au sommet du gouvernement. Mais, s'il n'est pas électif, il faut qu'il soit héréditaire, et c'est la royauté.

Considérez maintenant les effets de cette permanence du pouvoir exécutif qui s'établit par la royauté:

Indépendante des partis, la royauté en représente tous les éléments de conciliation.

N'ayant à subir les exigences d'aucune opinion exclusive, elle est le lien de toutes les opinions constitutionnelles.

Elle introduit les précédents importants dans les conseils du gouvernement, et assure par cette tradition, jusque dans les diversités des cabinets, une certaine continuation des grands desseins de la politique générale.

Elle empêche, dans le parlement, les opinions de se porter à l'extrême contradiction, en les forçant de se rendre possibles sans briser la tradition.

Elle contient les grandes ambitions, et commande la réserve aux chefs des partis constitutionnels.

Elle représente au dehors la nationalité avec plus de dignité et de consistance qu'un pouvoir sortant d'un parti par l'élection, et variable comme la fortune de ce parti.

Enfin, en même temps qu'elle a sur un pouvoir électif tous les avantages de la perpétuité, elle offre toutes les garanties d'un pouvoir électif, par la nécessité où elle est d'obtenir l'adhésion du parlement.

Ainsi, mon oncle, la royauté a le double mérite d'écarter l'aristocratie sans détruire l'esprit de suite dans le gouvernement, et de fortifier le système représentatif sans en diminuer les garanties. Ainsi, loin que la démocratie implique la forme républicaine, c'est par la démocratie même que la royauté s'explique, c'est par la démocratie même qu'elle se recommande; et, par contre, s'il est une constitution où la

république puisse être bonne, puisse valoir mieux
que la royauté, c'est avec l'aristocratie. Il est donc
établi que, plus on veut la démocratie, moins on
doit vouloir la république et plus on doit vouloir la
royauté.

Si l'on objectait l'exemple des États-Unis, il y aurait à faire une réponse bien simple. Ce n'est point la
démocratie qui produit la république aux États-Unis ;
c'est la fédération, uniquement la fédération. Comment la royauté y serait-elle possible ? Elle suppose
l'unité de souveraineté, et les États-Unis sont un
assemblage de plusieurs souverainetés. La royauté
n'y serait possible que si l'un des États finissait par
absorber tous les autres ; et si la chose arrivait jamais,
s'il arrivait jamais que la fédération américaine se
transformât en une grande souveraineté, la république des États-Unis risquerait singulièrement de
céder la place à la royauté. Il n'est pas donné à tous
les peuples d'avoir la royauté dans leur gouvernement ; et c'est même un grand mérite de plus à
compter à la royauté que de représenter en quelque
sorte l'histoire d'une nation, et d'être la plus haute
expression de son unité.

Je passe, mon oncle, à la dernière objection, dont

les considérations précédentes dispenseraient presque
de s'occuper.

Si c'est le parlement qui gouverne, disent les républicains, la royauté est de trop ; et, si elle empêche
le parlement de gouverner, elle est funeste.

Voilà ce qu'a valu à la royauté la maxime *le roi
règne et ne gouverne pas !* Avec ces distinctions spé-
cieuses, si vagues et si peu fondées qu'elles soient à
l'examen, on fournit des objections à ses adversaires ;
et, une fois tombées dans l'opinion publique, les objections y restent longtemps, elles y font beaucoup de
mal, et cela devient une tâche très-difficile que d'a-
voir raison avec les vérités les plus simples.

Mais je sais maintenant, mon oncle, qu'avec vous
les vérités sont de bonnes raisons, et je vais en user
avec confiance.

Est-ce une vérité qu'il y a une différence radicale
entre diriger les grands services de l'État, élaborer
et proposer les lois, préparer les affaires, les entamer,
les suivre, les mener à fin, pourvoir aux questions
naissantes, aux circonstances, aux complications
imprévues, prendre les résolutions instantanées que
cela exige : ce qui constitue le gouvernement ; et
juger si les grands services de l'État sont bien diri-

gés, si les lois proposées sont bonnes, si les affaires sont bien conduites, s'il a été pourvu convenablement aux questions, aux circonstances, aux complications qui exigeaient de promptes volontés, s'il faut enfin approuver ou condamner le gouvernement, autoriser ou empêcher la continuation de sa politique : ce qui constitue le contrôle ?

Est-ce une vérité que des attributions si différentes ne peuvent être dans le même pouvoir ?

Est-ce une vérité qu'un parlement démocratique, très-propre à contrôler, ne l'est nullement à gouverner ?

Est-ce une vérité que contrôler est au-dessus de gouverner ?

Est-ce une vérité qu'être dans l'impossibilité d'avoir aucune loi, aucun impôt, aucune force militaire, aucun moyen de gouvernement sans le parlement, c'est, de la part du pouvoir qui gouverne, être forcé de reconnaître le contrôle et d'obtenir l'adhésion du parlement ?

— Oui, tout cela est incontestable.

— Eh bien, mon oncle, si tout cela est incontestable, voici qui le sera aussi :

Il ne faut pas demander pour le parlement de gouverner, si l'on demande qu'il contrôle.

Et si le parlement ne peut pas gouverner, il ne faut
pas reprocher à la royauté de l'en empêcher.

Et si, en gouvernant, la royauté fait ce que ne
saurait faire le parlement, elle n'est pas de trop dans
la constitution.

Mais au contraire, si contrôler est au-dessus de
gouverner, et si la royauté ne peut gouverner qu'en
acceptant le contrôle du parlement et avec son adhésion, la prérogative de la royauté, loin d'être opposée
à celle du parlement, ne fait que la rehausser et
ajouter à l'efficacité du gouvernement, sans rien
diminuer des garanties que le contrôle du parlement
assure à la nation.

Et maintenant, si la royauté et le parlement rem-
plissent dans la constitution des rôles si diversement
considérables, mais si compatibles, il faut reconnaître
qu'au lieu de se nuire et de s'exclure, la royauté, en
gouvernant, et le parlement, en contrôlant, se com-
plètent et se fortifient, et que vouloir la royauté,
c'est vouloir plus de force et de suite dans le gouvernement que les républicains, sans vouloir moins

le contrôle et l'autorité du parlement qu'aucun partisan du système représentatif.

Ainsi, mon oncle, tombent successivement les objections qu'on oppose à la royauté; et, en même temps que je les ai réfutées, j'ai prouvé que, démocratique par son intérêt, la royauté l'était par son caractère politique, et qu'intéressée à servir la démocratie, elle était le pouvoir le plus capable de la bien servir. J'ai donc prouvé que notre constitution, dans son ensemble, s'accorde parfaitement avec le principe de notre ordre social. On peut donc, sans sortir de la constitution et en ne faisant que lui donner ses développements réguliers, prendre la démocratie pour base de la politique. Tous les partis constitutionnels peuvent donc fonder leur politique sur cette base. Cela est possible aux conservateurs comme à l'opposition. Il reste à savoir lequel, actuellement, dans la situation actuelle des partis et de l'opinion, vaut le mieux, pour la démocratie, de la servir comme conservateur ou de la servir dans l'opposition; et vous allez voir combien, la question de principe résolue, la question de fait le sera facilement.

— Ma foi! la suite sera ce qu'elle pourra; mais je t'avoue que tu viens de gagner toutes mes sympathies. Tiens, je désire presque être ton converti, tant je serais fâché que tu n'eusses pas raison jusqu'au bout.

— Je tâcherai, mon oncle, que vous n'ayez pas ce désagrément.

VII.

C'est, ai-je dit, une politique possible aux conservateurs comme à l'opposition que de servir la démocratie. Avant que je n'aille plus loin, mon oncle,
admettez-vous cela ? J'ai besoin là-dessus d'une adhésion formelle.

— Oui, je l'admets. Cela résulte fort bien de tout
ce que tu viens d'établir. Rien ne vaudrait une semblable politique pour consacrer la constitution, et en
particulier la royauté. La démocratie introduite par
les conservateurs eux-mêmes dans la pratique du
gouvernement ! mais ce serait trop beau, ce serait
quelque chose d'incroyable, ce serait la force et la

durée enfin assurées à nos institutions! Que deviendraient les conspirations? que deviendraient les
émeutes? Que deviendraient toutes ces idées avec
lesquelles on remue d'avance le peuple, pour le
lancer, aux jours de crise, contre les Tuileries?
Que deviendrait la république? Et il faudrait si peu
de chose pour de si grands résultats! La simple
proposition d'une loi démocratique, la moindre mesure administrative d'une intention véritablement
démocratique. Oh! que ce serait facile! Mais, encore
une fois, ce serait trop beau, et tes conservateurs
actuels ne voient pas de si loin. C'est le cas de faire
la différence de ce qui est possible et de ce qui est,
et voilà précisément où je t'attendais! Messieurs les
conservateurs songent bien à la démocratie!

— Bien, mon oncle, bien, très-bien! Voilà qui est
parler, vous dirai-je à mon tour! C'est parler comme
j'aurais voulu faire, quant au sens, et certainement
je n'aurais pas aussi bien rencontré, quant à l'expression. Ainsi, mon oncle, cette politique possible aux
conservateurs, vous reconnaissez que, pratiquée par
eux, elle serait excellente de toute manière : excellente pour la démocratie, à laquelle elle ouvrirait le
gouvernement; excellente pour la constitution, dont

elle prouverait l'efficacité ; excellente pour la royauté,
qu'elle débarrasserait de ses plus redoutables ennemis.
Par cela seul qu'elle viendrait des conservateurs, elle
réconcilierait le principe d'autorité avec le sentiment
populaire, elle rendrait la démocratie capable de discipline, le pouvoir capable d'initiative ; elle mettrait
d'accord les doctrines avec les faits, la constitution
avec la science, les pouvoirs officiels avec le pouvoir
de l'opinion. Dix ans de cette politique, pratiquée par
le parti conservateur, ferait plus, pour l'instruction
de l'Europe et la propagation du principe démocratique, que cent ans d'une alliance de la démocratie
avec l'opposition, où continueraient à paraître en état
naturel d'antagonisme le peuple et la royauté, la justice et le pouvoir, la liberté et l'autorité.

S'il est d'un si grand intérêt, à la fois pour la démocratie et pour la constitution, que la démocratie
entre dans le gouvernement par les conservateurs
plutôt que par l'opposition, il faut croire qu'un jour
les conservateurs sauront comprendre cet intérêt ; et
la meilleure politique à présent, la politique la plus
avantageuse à la démocratie, c'est celle qui peut le
mieux les conduire à cette politique dont nous venons
de parler. Cela me ramène, mon oncle, à cette dis-

tinction que vous avez faite entre les conservateurs
possibles et les conservateurs actuels.

C'est vrai, mon oncle ; il y a une grande différence
à faire de ce qu'est présentement le parti conservateur et de ce qu'il peut devenir. Les conservateurs
d'à présent ne songent guère à la démocratie, je le
reconnais, et il faut dire que l'opposition constitutionnelle n'y songe guère plus qu'eux. Les républicains
seuls en parlent, eux qui devraient le moins en parler, et vous savez s'ils ont une seule idée d'application
sociale de plus que les conservateurs ou l'opposition.
La raison de cela est bien simple. Selon ce que j'ai
répété à plusieurs reprises dans cet entretien, d'après
M. Guizot, la notion moderne de démocratie est encore pleine d'obscurité, d'incertitude. Il y a loin de
l'instinct, du sentiment vague qui suffit à faire la
puissance d'un mot dans l'opinion publique, aux
idées claires et précises dont a besoin la politique d'un
parti. La même confusion, si soigneusement entre-
tenue par les républicains, qui associe l'idée de démocratie à l'idée de république, éloigne de l'idée
de démocratie les partis dynastiques et la royauté
elle-même. Jusqu'à présent les mots ont caché les
choses, loin de les expliquer. Jusqu'à présent donc

les conservateurs et la royauté ont dû se défier de la démocratie. Mais les mots commencent à s'expliquer et les choses à paraître dans leurs véritables rapports. Une fois que la démocratie sera comprise, non-seulement dans ce qu'elle a de compatible avec la royauté, mais de favorable à la royauté, les conservateurs pourront non-seulement en reconnaître le principe, mais le prendre comme moyen de gouvernement; et la question maintenant est de savoir quelle est la meilleure manière de renseigner les conservateurs sur le véritable caractère politique de la démocratie.

Eh bien, pour cette entreprise de faire accepter la démocratie aux conservateurs, quelle est la meilleure tactique à suivre, ou d'en parler du côté du gouvernement, ou d'en parler du côté de l'opposition?

Vous savez, mon oncle, ce qui distingue et sépare les partis. Ce n'est point tant ce qu'ils veulent et font dans le présent que ce qu'ils ont voulu et fait dans le passé. Un principe, le même principe, un acte, le même acte, a un sens différent, selon le parti qui soutient ce principe ou accomplit cet acte. Cette différence paraît bien actuellement entre les conservateurs et l'opposition. Toutes les grandes questions qui ont

fait la distinction si profonde entre les deux partis,
au lendemain de la révolution de juillet, la paix ou
la guerre au dehors, la résistance ou les concessions
à l'esprit révolutionnaire au dedans, la répression
énergique ou l'indulgence pour le désordre, toutes
ces questions ont disparu maintenant. Beaucoup de
conservateurs veulent des choses demandées par
l'opposition constitutionnelle, et beaucoup de gens de
cette opposition veulent des choses demandées par des
conservateurs. Au fond il n'y a plus que des nuances entre ces deux grands partis, mais, par la forme,
quelle différence énorme ! Voilà un parti dont la tradition jusqu'à présent a toujours été contraire à celle
du gouvernement, qu'une lutte de quinze ans a rendu
malveillant pour la royauté, et qui de sa nature est
toujours plus ou moins hostile au pouvoir ! Vienne
une idée, vienne une proposition de ce parti ! L'idée,
la proposition peut être bonne ; mais, venant de l'opposition, elle a quelque chose d'hostile à la royauté,
quelque chose qui tend à donner tort au passé, à
rompre la tradition, à condamner l'ensemble du
gouvernement. Même exempte de cette intention,
elle serait interprétée par cette intention. Le succès
de cette proposition serait donc une sorte de défaite

pour la royauté. Les conservateurs doivent donc s'en défier et la combattre.

Vienne au contraire cette même idée, cette même proposition d'un conservateur ! Tout est changé. Cette idée, cette proposition ne saurait avoir rien d'hostile pour le gouvernement dans sa tradition, et conséquemment pour la royauté. C'est une voix amie, c'est une voix dévouée qui la met en avant ! que craindre ? Il n'y a plus qu'à voir si, en elle-même, l'idée est bonne, si la proposition est avantageuse au parti. Ce sont alors les bonnes raisons qui donnent raison, et celui qui croit avoir la vérité pour lui peut bien avoir l'ambition d'en fortifier son parti.

Supposez donc que certains hommes politiques regardent comme un intérêt de premier ordre pour la démocratie, qu'ils veulent fortement, et pour la constitution, dans laquelle ils ont foi, que la démocratie s'allie avec la royauté et le parti conservateur : de quel côté devront-ils représenter et servir la démocratie ?

C'est évidemment du côté de la royauté et des conservateurs.

Et dans cette tactique il y a, outre la chance de mieux réussir, cet avantage dans le succès, qu'il n'enlève rien à la dignité et à la force du pouvoir. Et cela, mon oncle, si près encore d'une révolution qui a tant affaibli l'autorité et les doctrines de gouvernement, cela seul est un avantage énorme !

Et non-seulement cette tactique n'enlève rien à la dignité et à la force du pouvoir, elle y ajoute au contraire, elle y ajoute beaucoup ; car elle y ajoute la possibilité de l'initiative dans les questions qui intéressent et passionnent le plus vivement l'intelligence moderne ; les questions de droit politique aussi bien que les questions d'impôt ou de douane, et même que les questions relatives aux ouvriers. Essayez, par exemple, de suivre les conséquences qu'aurait, en temps opportun, la préparation de quelque grande réforme électorale ou économique, dans le sens de la démocratie, par un comité de conservateurs !

Il y a encore, pour recommander cette façon d'agir, cette considération puissante, qu'une alliance de la démocratie avec les conservateurs ne saurait jamais compromettre la démocratie, désormais si forte, tandis qu'une alliance de la démocratie avec l'opposition pourrait compromettre gravement la royauté, encore si contestée, et qu'il importe tant à la démocratie de maintenir.

Ainsi, mon oncle, cette politique a le double mérite de servir la démocratie en servant le gouvernement, puisque c'est assurer à la démocratie le bénéfice
d'une constitution parfaitement appropriée à son principe, et de servir le gouvernement en servant la
démocratie, puisque c'est donner pour base à la constitution le principe même de l'ordre social, et l'idée
la plus puissante de la civilisation actuelle.

Voilà ce que semblait avoir compris M. de Lamartine, quand il soutenait le parti conservateur, et ce
qui valait certes qu'il passât par-dessus bien des mécomptes, bien des retards, bien des difficultés. Par
ce qu'il avait fait en quelques années, par ce que son
éloquente parole avait en quelques années rendu
d'autorité et de prestige au pouvoir, par ce qu'elle
gagnait chaque jour de jeunes partisans à la royauté
de juillet, il pouvait juger de ce qu'auraient fait quelques années de plus d'efforts et de persévérance dans
cette voie. A présent le voilà de l'opposition! Il y est
isolé. Il n'y peut servir pratiquement ni la démocratie,
qu'il aime tant, ni la royauté, qu'il tient tant à garder:
Combien n'aurait-il pas fait plus pour l'alliance de la
royauté et de la démocratie en restant du côté du
gouvernement! Ç'a été une déviation funeste que son

passage à l'opposition, et qu'il faudrait déplorer,
s'il était à jamais perdu pour l'idée qu'il avait si bien
comprise! Mais il n'est pas perdu pour cette idée.
Cette force de popularité que donne encore l'opposition, et qu'il sait gagner mieux que personne, il
saurait, un jour de crise, la remettre au service du
principe d'ordre et d'autorité, et toujours l'alliance
restera possible entre des conservateurs comme ceux
dont nous parlons et M. de Lamartine.

Quoi qu'il en soit, vous devez maintenant concevoir, mon oncle, comment j'ai pu vous dire que
c'était, pour être conservateur, une puissante raison
que d'être jeune. Ce ne sont pas en effet les hommes
du vieux parti de 1830, qui peuvent introduire cette
politique que nous désirons. Ils peuvent l'accepter;
ils ne la commenceront pas. Les idées nouvelles
veulent des hommes nouveaux. C'est de la génération qui entre maintenant dans le gouvernement que
viendra cette politique. Il faut que, dans cette génération, parmi ceux qui veulent à la fois la démocratie
et la constitution, parce qu'ils les croient compatibles,
tout ce qui écrit, tout ce qui parle, tout ce qui agit,
écrive, parle et agisse du côté des conservateurs.
Et quand viendra la régence, quand viendra ce règne

d'un jeune roi, élevé au milieu d'une génération pos-
térieure à la révolution de juillet, la constitution et
la royauté auront dans les hommes d'alors des res-
sources et un appui assurés. Alors, par le renouvellement du parti conservateur, l'opposition se renou-
vellera. Au lieu de représenter une protestation systématique et hostile contre le gouvernement, prise
dans les idées arriérées de la restauration et ren-
forcée du dépit et des rancunes d'une longue défaite,
elle ne représentera plus que les idées de l'avenir,
les droits des minorités et les sollicitudes de la
liberté. Tout alors ira bien. L'opposition sera, comme
le parti conservateur, un grand parti de gouvernement. Son triomphe ne sera plus une défaite de la
royauté, et le renouvellement du parti conservateur
aura rendu à la fois le gouvernement plus stable et
l'opposition plus gouvernementale.

Eh bien! mon oncle, qu'en dites-vous, et cela ne
vaut-il pas de déclamer à la suite des journaux de la
vieille opposition?

— Oui, je le reconnais. Et c'est d'autant mieux,
qu'en étant conservateur pour l'avenir, tu donnes
assez à entendre que tu n'es guère partisan des conservateurs actuels. C'est tout ce que je veux.

— Mais, mon oncle, je n'ai rien fait entendre de pareil. Les conservateurs actuels ont fait de grandes choses, et, dans le passé, je donne complétement raison à leur politique dans sa direction générale. Ils ont voulu la paix, ils ont voulu l'ordre; ils ont su avoir l'un et l'autre. Mais c'est énorme! Rien de ce que je désire, rien de ce que je viens de vous montrer comme possible, ne serait actuellement désirable ni possible sans eux. Ce qu'ils n'ont pas fait, mon oncle, ils l'ont rendu faisable. Sans la paix européenne, sans l'ordre chez nous, où en serions-nous? Qui parlerait aujourd'hui de démocratie, de justice sociale, d'industrie, de travail, de réforme électorale, et de toutes ces choses si essentielles au développement social et politique de la démocratie? Rien n'a été plus démocratique que la paix, rien n'a été plus démocratique que la répression énergique de l'anarchie. Personne, par le fait, n'a été plus démocratique que Louis-Philippe, que Casimir Périer, que M. Guizot, que M. Molé, que M. de Broglie, que M. Thiers à ses beaux moments. Tous ces fondateurs de notre constitution, tous ces conservateurs émérites, ils ont eu des jours d'une admirable vigueur contre le désordre, contre les fausses idées, contre la démagogie, qui est le contraire de la démocratie. En combattant et en écrasant la démagogie, ils ont rendu la démocratie possible. Ils sont donc les véritables devanciers de ce parti conservateur qui, pour servir la démocratie, n'aurait plus qu'à continuer leur œuvre et à faire ce qu'ils ont rendu possible.

Ainsi, par la raison du passé comme par la raison du présent et de l'avenir, mon oncle, je suis conservateur, et je vous prie de vous en tenir pour bien assuré.

— Ainsi, maintenant, tu es partisan de M. Guizot?

— Oui, mon oncle, de M. Guizot. Mais c'est l'esprit le plus démocratique en même temps que le plus beau talent du parlement! Songez donc à ce qu'il fait depuis cinq ans! Il établit chez nous les vrais précédents du gouvernement constitutionnel, il honore la tribune française d'une mâle et noble éloquence, il fonde la discipline parlementaire, il habitue l'opinion à l'idée de durée dans le ministère, voilà de grands, d'admirables services! Habituer les esprits à la durée en France, où depuis si longtemps on ne voyait qu'inconsistance et mobilité au pouvoir, voilà surtout ce qui me touche! Mais cela seul en fait à mes yeux le premier ministre qu'ait eu encore le gouvernement de juillet!

Comparez donc un parti qui a des chefs de cette valeur à votre opposition de gauche, où, à l'exception de M. Thiers, qui n'y compte que pour ses allures belliqueuses et ses velléités de 1840, et nullement pour ses idées de politique intérieure, l'on ne voit que des déclamateurs, quelques esprits honnêtes, beaucoup d'esprits étroits ou haineux, et pas un seul homme d'État.

Mais ce serait trop exiger de vous, mon oncle, que de vouloir effacer en un instant de votre esprit tant de souvenirs, tant de passions, tant d'opinions invétérées ; et je serais assez heureux que vous fussiez d'accord avec moi par les raisons générales que je vous ai données de la convenance d'être conservateur.

— Tu fais bien de ne vouloir que cela ; car c'est ainsi seulement que je puis t'accorder mes sympathies. Mais en cela je te les accorde entièrement, pleinement, et je ne désire qu'une chose, c'est que tu sois bientôt en position d'agir comme tu viens de parler. Et, à ce propos, dis-moi, ne songes-tu point à quelque chose qui te donne place dans cette politique que tu défends si bien ? Tu ne peux pas manquer de faire ton chemin de ce côté-là ?

— Oh! mon oncle, faire mon chemin! Si je ne me proposais que cela, ce n'est pas en me faisant conservateur de la façon que je vous ai dit que j'aurais le plus de chances de réussir. Oui, sans doute, je veux tâcher de prendre ma place dans la politique que je désire, qui a toutes mes sympathies, toutes mes convictions. Toute mon ambition, je la mets en cela. Mais, si c'est, selon moi, le moyen de bien servir le gouvernement, ce n'est pas le moyen d'en obtenir beaucoup de faveurs. Si je ne voulais qu'une tactique pour servir mon ambition, je la prendrais autre que pour servir mon opinion. C'est dans le parti où il y a le plus de bruit à faire et les plus faciles applaudissements à recevoir que j'irais, et c'est assez désigner l'opposition. Là, avec deux fois moins de travail et de mérite, je me ferais un nom deux fois plus vite. Je me glisserais dans quelque journal du parti, où chaque matin j'attaquerais les ministres et la pensée immuable. Je tâcherais de me faire remarquer par la virulence de mes attaques. Chaque matin je porterais aux nues M. Thiers et M. Odilon Barrot, et particulièrement M. Thiers, parce que c'est lui qui a le plus de chances d'être ministre. Je ferais des brochures dans le même sens, dont il serait trois fois plus parlé

et avec trois fois plus d'éloges que d'une brochure
conservatrice. Et quand j'aurais fait assez de bruit
pour avoir une espèce de nom, une réputation de
publiciste, que j'aurais eu quelque jolie place d'un
ministre actuel pour ne plus l'attaquer, et d'un ministre futur la promesse d'une plus belle place pour
le vanter, j'attendrais les événements, je jouerais du
côté de la fortune, je deviendrais conservateur sur
le retour de l'âge, et je mettrais mes anciennes opinions sur le compte des entraînements de jeunesse,
ce qui explique tout et excuse tout. Voilà, mon oncle,
la tactique de l'ambition. Au lieu de mon ambition,
je veux servir mon opinion. J'ambitionnerai, au service de mon opinion, tout ce qui pourra se gagner
ouvertement, loyalement, à force d'ardeur, de travail
et de constance. Ce sera plus long, moins sûr même;
mais, si cela vient, cela vaudra mieux; ce sera plus
honorable, plus digne, et j'aurai cette satisfaction
d'orgueil, qui est bien quelque chose, de n'avoir eu
besoin que de mes opinions propres pour gagner ce
que tant d'autres n'obtiennent qu'en abdiquant leur
conscience et leur personnalité.

— Ah! mon ami, que je suis heureux de ce fier
et énergique langage! Tiens, si je le pouvais ici, je

t'embrasserais. Donne-moi ta main , que je la serre comme je voudrais te serrer dans mes bras. Grand Dieu ! où allons-nous donc , si les jeunes gens maintenant parlent de cette façon? Paul , sortons. —

Et mes deux inconnus , lecteur , se levèrent et sortirent bras dessus , bras dessous.

N'est-ce pas que tu n'es point sans quelque sympathie pour ce jeune conservateur ?

FIN.

www.ingramcontent.com/pod-product-compliance
Lightning Source LLC
Chambersburg PA
CBHW072246270326
41930CB00010B/2283